KATHOLISCHE WELTANSCHAUUNG
Unterscheidung im Geist

Herausgegeben von
Hans-Peter Göbbeler und Dieter Josef Hilla

Band 1

Die kirchliche Druckerlaubnis ist erteilt.
Aachen, den 26. Juni 1992 – I 84/92.
Der Generalvikar: Collas

Umschlagsmotiv: Markgräfin Uta (Detail) im
Westchor des Doms zu Naumburg (mit frdl. Genehmigung
des Domstifts Naumburg); Foto Rossa, Berlin.

Die Deutsche Bibliothek – CIP-Einheitsaufnahme

Schneider, Oda:
Vom Priestertum der Frau / Oda Schneider, Hrsg. von Dieter Josef Hilla.
– 2. Aufl. – Abensberg: Maria aktuell, 1993
  (Katholische Weltanschauung; Bd. 1)
  ISBN 3-930309-00-9
NE: GT

2. Auflage 1993
© Kral Verlag, Abensberg 1992
© Maria aktuell Verlags GmbH, Abensberg 1993
Alle Rechte vorbehalten
Gesamtherstellung: Josef Kral Verlagsdruckerei,
D-93326 Abensberg
Printed in Germany
ISBN 3-930309-00-9 (2. Auflage,
1. Auflage bei J. Kral Verlagsdruckerei GmbH ISBN 3-87442-039-6)

Oda Schneider

Vom Priestertum der Frau

Herausgegeben von Dieter Josef Hilla

Freu dich, o Mensch!
Weil dich die Liebe schuf
ist Liebe nun
dein ewiger Beruf!

Oda Schneider
Christliche Innerlichkeit 7 / Heft 3 und 4 (1971-72) 3.

Inhalt

NACHWORT

Vorwort

Priestertum der Frau? – Keine Frage, selbstverständlich gibt es das. Allerdings: die Frau wird es nicht finden, wenn sie dem Mann in allem gleich werden will, auch nicht im amtlichen Priestertum, das dem Mann vorbehalten ist.

Das Priestertum der Frau wird vielmehr jene Frau finden, die in Freude über den Wert des eigenen Frauseins dieses wirklich leben will. Damit sie dies voller Freude vermag, muß sie den Wert des Frauseins kennen – und darf nicht voll eingeredeter Minderwertigkeitskomplexe nach dem Mann schielen.

Dazu will dieses Buch beitragen: zur Erkenntnis des Wertes der Frau, zur Freude über das Frausein und schließlich zur Verwirklichung des nicht-amtlichen Priestertums der Frau. Dies kann vorliegendes Buch aber nur deshalb leisten, weil es aus einem tiefen Verstehen von Wesen und Berufung der Frau geschrieben ist. Dies ist kein Buch, das billigen Klischees nachläuft – aber auch kein Buch, das aus Furcht vor vermeintlichen Klischees die Frau zum Mann macht.

Wer mit der Zeit geht, geht mit der Zeit. Oda Schneider ist in den 30er Jahren nicht mit der Zeit gegangen. Deshalb lohnt es sich, sie auch heute noch zu lesen. Gerade weil ihre Worte nicht dem Zeitgeist hechelnd nachlaufen, sind sie so wertvoll: „Seid nur einen Tag unmodern, dann werdet ihr sehen, wieviel Ewigkeit ihr in euch habt."[1] Oda Schneider sagt, was unsere Zeit sich selber vielleicht gar nicht mehr sagen kann. Aber gerade aus dem, was sie sich nicht mehr selber sagen kann, lernt eine Zeit, bereichert sie ihr Wissen. Die Aussagen dieses Buches mißachten kann daher nur, wer im eigenen Standpunkt völlig festgefahren ist. Sicherlich finden sich im Text Oda Schneiders Aussagen und Formulierungen, die zeitbedingt sind. Manches hätte Oda Schneider heute vorsichtiger und differenzierter formuliert, da die Menschen unserer Zeit in diesen Fragen viel sensibler sind. Wenn das Buch dennoch neu aufgelegt wird, so geschieht dies aus der Überzeugung, daß die wesentlichen Aussagen Oda Schneiders die Wahrheit über die Frau treffen. Die Wahrheit aber gilt unabhängig von der Zeit und ist jeder Zeit not-wendig. Die Neuauflage erfolgt aber auch in der Hoffnung, daß der Leser bereit ist, diese Wahrheiten zu sehen und zu verstehen. Das Nachwort will helfen, die wesentlichen Aussagen Oda Schneiders zu verstehen, Mißverständnisse auszuräumen und so ihre Gedanken für unsere Zeit fruchtbar zu machen. Hierbei kann das

Nachwort selbstverständlich nur eine kleine Hilfe leisten, dem wohlwollen-den Nachdenken des Lesers den Weg zu weisen. Auch für die Aussagen Oda Schneiders gilt: Richtig verstehen kann man nur, was man in Liebe liest.

Für die Neuauflage dieses 1934 erstmals erschienen Buches wurden ledig-lich einige stilistische Veränderungen vorgenommen, die den Text dem heutigen Sprachstil anpassen, sowie einige Stellen gekürzt, die für die heutige Diskussion nicht mehr wesentlich erschienen. An das Buch ange-fügt wurde eine Skizze von Leben und Werk Oda Schneiders sowie ein kurzer Kommentar.

Zu besonderem Dank verpflichtet ist der Herausgeber dem Karmel in Graz für seine freundliche und hilfsbereite Unterstützung sowie Frau Lore Dürr, ohne deren Anregung und Mithilfe diese Neuauflage nicht erfolgt wäre. Der Dank gilt desweiteren meinem Vater, Herrn Ulrich Hilla, sowie meinem Mitbruder, Herrn Kaplan Hans-Peter Göbbeler, für die Übernahme der Korrektur.

Mönchengladbach-Hardt,
am Hochfest Mariä Himmelfahrt, 1992

Dieter Josef Hilla

[1]) RILKE, Rainer Maria, Tagebücher aus der Frühzeit (Leipzig 1942) 77.

Vom Priestertum der Frau

Eigenart und Gleichwert

Sonderstellung der Frau im Raum der Kirche

Die Frage nach dem eigensten Anteil der Frau am Gottesdienst, nach der Umschreibung ihrer besonderen religiösen Rechte und Pflichten ist zweifellos berechtigt, da ihr im Raum der Kirche eine dem Mann gegenüber unterschiedliche Stellung zukommt. Sie hat ja nicht, wie er, die Wahl, ob sie sich der Hierarchie selbst eingliedern oder als Laie am hierarchischen Apostolat teilnehmen will. Die Art des Verhältnisses ihrer Mitarbeit am Aufbau des Leibes Christi ist ein für allemal in der Hauptlinie festgelegt. Da ihr die volle Eingliederung grundsätzlich verweigert ist, stellt die Teilnahme des Laien am hierarchischen Apostolat für die Frau die einzige Möglichkeit zur Mitarbeit an der Verchristlichung der Menschheit dar.

Es wird wohl kaum eine religiös lebendige, stark empfindende Frau geben, die diese Ausgeschlossenheit vom amtlichen Priestertum nicht irgendwann im Laufe ihrer Entwicklung, wenn auch nur vorübergehend, als schmerzliche Beeinträchtigung empfunden hätte.

Im Grunde ist das durchaus erklärlich. Und es ist ebenso erklärlich, daß zur Zeit der großen Frauenbewegung, deren starker Wogengang leicht den festen Boden unter den Füßen verlieren ließ, bei einzelnen gut katholischen Frauen, ja gerade bei tief religiösen, der Ruf nach dem Priestertum laut werden konnte. Wenn solche Strömungen heute schon abgeebbt erscheinen, so sind sie doch noch nicht ganz beruhigt. Es sollen noch immer von da und dort Petitionen an die höchste Stelle gehen, die das Priestertum für die Frau verlangen.

Nun genügt es keinesfalls, diesen Äußerungen einer ernsten Seelenhaltung bloß negativ mit ablehnendem Bedauern zu begegnen. Im allgemeinen mag es ausreichen, wenn man sich einfachhin sagt: Das Priestertum ist nun einmal nicht für die Frau bestimmt, das liegt im Willen Gottes, dem man sich beugen muß; und damit genug. Dort aber, wo diese Beschränkung als wahres Leid, als ungerecht und unerträglich empfunden wird, müßte man doch statt des Steines eines starren „Non licet" das Brot eines echten Trostes darzubieten versuchen.

Die Anzahl derer, die darunter leiden, ist nicht so gering. Es gibt bei Frauen Fälle von tiefgehender seelischer Zerrüttung aus keinem anderen Grund als dem der irregehenden religiösen Sehnsucht nach dem unerreichbaren Priestertum. Man muß nur mit sich selbst ganz ehrlich sein: mag man im

Grundsätzlichen noch so feststehen, so wird man es doch gelegentlich schmerzlich und bitter empfinden, daß jeder kleine Nichtsnutz von der Straße sich neben den Priester hinknien darf, seine Ministrantengebete achtlos herunterzuleiern, während man als Frau nicht hinter die Schranken darf, auch wenn man mit aller Ehrfurcht und Liebe den heiligen Dienst versehen wollte.

Es wäre gut, einmal voll auf die Frage hinzublicken und zu versuchen, aus dem, was der Frau verwehrt ist, das herauszuheben, was ihr damit zugleich geschenkt ist. Denn wer es verwehrt, das ist ja Gott. Und wenn Gott mit einer Hand verwehrt, zieht Er mit der anderen an sich; wenn Er mit einer Hand nimmt, schenkt Er mit der anderen doppelt und so wird es wohl auch in diesem besonderen Fall nicht anders sein.

Ist die Frau kraft göttlichen Ratschlusses vom Amtlich – Hierarchischen und Amtlich – Liturgischen ausgeschlossen, hingegen zur Heiligkeit so gut berufen wie der Mann; so bedeutet dieses Ausgeschlossensein offenbar keine gradmäßige Herabsetzung, als ob die Frau minderen Wertes wäre; denn das Hochziel selbst, die Heiligkeit, ist ja beiden gleich offen; sondern es bedeutet eine wesensmäßige Unterscheidung, derzufolge dem Wesen der Frau eben andere Möglichkeiten und Pflichten entsprechen als dem Wesen des Mannes. Ein anderer Weg ist es, der sie zu gleichem Ziele führen soll.

Befreiung durch Christus

Freilich, diese beglückende Gewißheit, diese freie Sicht und offene Bahn auf den Gipfel der Seligkeit sind erst durch Christus der Frau geschenkt worden[1]. Früher mußte sie das Bewußtsein vollen Menschentums in vielfacher Weise entbehren. Die Knechtung der Frau, die Gott in unterschiedlichen Perioden der Menschheitsgeschichte zugelassen hat, war oftmals niederdrückender, als es die heutige Frauengeneration im allgemeinen zu ahnen vermag. Der Grund hierfür kann uns nicht zweifelhaft sein: in der Frühzeit gotteskindlicher Ebenbürtigkeit war die Frau einmal Führerin, und das in so unheilvoller Weise, daß sie die ganze Menschheit mit sich in den Abgrund gerissen hat. Darum lastet der Fluch der Sünde schwerer auf Eva und ihren Töchtern als auf Adam und seinen Söhnen. Darum waltet ein Verhängnis in der Beziehung der Geschlechter zueinander.

Am deutlichsten und erschreckendsten kommt der Strafcharakter in der Niederbeugung des Frauentums dort zum Ausdruck, wo das Urteil der

Minderwertigkeit nicht nur auf sozialem, sondern auch auf religiösem Gebiet über sie gesprochen wurde. Gerade im auserwählten Volk und gerade zur Zeit um Christus war da ein Tiefpunkt erreicht. Von Rabbi Eliezer, einem Zeitgenossen des Apostels Johannes, stammen die Sätze: „Eher sollen die Worte der Thora verbrannt werden, als daß man sie einer Frau anvertraut". Und: „Wer seine Tochter Thora lehrt, der ist wie einer, der sie Ausgelassenheit lehrt". Die Rabbiner rechneten ohne weiteres eine betende Jungfrau wie eine herumlaufende Witwe und einen unerzogenen Schüler zu den Dingen, die die Welt zerstören und die Verpflichtung zum Sch'ma, dem jüdischen Morgen- und Abendgebet, wäre für die Frau zu viel Ehre gewesen; sie war gleich den Sklaven und Kindern davon ausgenommen[2]).

Es ist nicht unnütz, sich diese Tatsachen ins Gedächtnis zu rufen. Aus unserer heutigen Sicht vermögen sie mehr aufzurichten als niederzudrücken. Erhellt doch aus ihnen vor allem die Unverwüstlichkeit weiblicher Religiosität. Vermutlich hätte eine solche Absperrung vom Heiligtum in der männlichen Psyche ganz andere Spuren hinterlassen.

Heute nun hält das Frauengeschlecht die Möglichkeit zur freien Entfaltung seiner religiösen Kräfte als ein herrliches Heilandsgeschenk in Händen und es findet sich als Ganzes in der glücklichen Lage der Sünderin, der viel verziehen wurde, weil sie viel geliebt hat, die aber nun erst recht ohne Maß lieben muß, weil ihr so viel verziehen wurde. Liebe freut sich am Verdankendürfen[3]).

Auf die Einzelheiten der großen Christustat für die Frau kann im Rahmen dieser Schrift nicht eingegangen werden. Ihre ganze gnadenhafte Fülle kommt in einem gesegneten Frauennamen zum Ausdruck: Maria. Wie aber Jesus die monumentale Tatsache der Erlösung durch die ganze Dauer seines Wirkens mit der Kleinarbeit liebevoller, einprägsamer Belehrung begleitet, so zieht sich auch seine besondere Seelsorge an den Frauen in zahlreichen Spuren durch das Evangelium.

Kronzeugin für die unerhörte Wandlung, die durch Ihn vor sich ging, ist die Samariterin am Jakobsbrunnen: „An jenem Tage wurde die Frau für religiöse Fragen mündig erklärt", sagt Kardinal von Faulhaber.

Wunderbar plötzlich kam diese Mündigkeit und man darf es gar nicht übel nehmen, wenn es zu „Mündigkeitskrisen" kam, in Korinth so gut wie in unseren Tagen. Im großen und ganzen aber hat die Frau das Gleichgewicht erfreulich gut gehalten.

Nachwirkende Hemmungen: ein biologischer Irrtum

Nachtwandlerisch – so könnte man sagen – ist die Frau durch die Jahrtausende ihrer Knechtung geschritten, ohne an ihrer Würde wesentlich Schaden zu leiden; und durch die Jahrhunderte ihrer Erhebung, ohne ihrer Berufung zum Dienst fremd zu werden. Freilich, Gottes Gnade wachte über ihr. Er sorgte, daß ihr das Joch nicht allzu jäh auf einmal abgenommen würde.

Ihre unsterbliche Seele, ihre gotteskindliche Übernatur konnte ihr im Bereich des Christentums niemand mehr streitig machen. Doch bezüglich ihrer Natur walteten die alten Vorurteile noch ungebrochen fort und hier fanden sich Handhaben genug, um vom Mann her dennoch weiter ein geringeres Recht der Frau zu behaupten und zu beweisen.

Durch die Einsicht in einen von Gott zugelassenen Irrtum soll die wünschenswerte Durchsicht in tiefere Wahrheiten gewonnen werden. Ja, es scheint doch so, als ob der für die Frau so folgenschwere Irrtum von der Vorsehung nicht nur zugelassen worden wäre, wie sie auch Sünden zuläßt, sondern geradezu gewollt, so wie sie Heilmaßnahmen will.

Ein Baum, der kraft höheren Willens in eine Form gezogen werden soll, die seine bloße Natur nicht annehmen will, muß eine Zeitlang mit Gewalt gebogen werden. Seit dem Sündenfall ist der menschlichen Natur der Widerstand gegen das Dienen zu eigen. Nicht, daß der weiblichen Natur der Zug und auch die Fähigkeit zu dieser ihrer heiligsten Berufung verlorengegangen wäre. Wenn auch verwundet, so ist es ja doch noch dieselbe gottgebildete Natur, und unzählige Frauen lieben ihren Dienst und wollten es nicht anders. Doch die gefallene Natur trägt den Hang zur Empörung in sich, immer zum Ausfall bereit. Da nun die Haltung des Dienstes von der Frau mit ganz starker Notwendigkeit gefordert werden muß, nicht nur um ihrer selbst willen, sondern auch um der gesamten Menschheit willen, so war es offenbar besser, sie, auch nach Konstituierung ihrer Freiheit im Übernatürlichen, von der Natur her noch eine Zeitlang gebeugt zu halten, bis sie für die Befreiung auch aus dieser Hemmung reif wurde.

„Weltbildwandel – Wertbildwandel"

Die Wissenschaft ging ihren von der Vorsehung gelenkten Weg. Der „Weltbildwandel" führte zum „Wertbildwandel"[4]), die Ebenbürtigkeit der Frau steht heute auch von ihrer Natur her fest. Sie ist der Knechtung ledig und frei. Ist sie auch reif für diese Freiheit?

Sie ist es, wenn sie sich nun auf freien Stücken zu jenem Dienst, zu jener Verhülltheit, zu jener Hingebung bekennt, die Gertrud von Le Fort als das

„metaphysische Geheimnis der Frau" bezeichnet, aber auch als das „Erlösungsgeheimnis" überhaupt; „denn zu seiner Erlösung hat der Mensch Gott gegenüber nichts einzusetzen als die Bereitschaft zur unbedingten Hingebung. Das Passiv-Empfangende des Weiblichen, in dem die antike Philosophie das rein Negative sah, erscheint in der christlichen Gnadenordnung als das Positiv-Entscheidende". In solcher Sicht löst sich jedes „Ressentiment" gegen „mindere Einschätzung" auf und ihre pädagogische Funktion wird fühlbar. Ja, es zeigt sich, daß diejenigen Zeiten, welche die Frau aus dem öffentlichen Leben zurückdrängen, ihrer metaphysischen Bedeutung „durchaus nicht abträglich" sind, sondern daß wahrscheinlich „gerade sie – wiewohl meist, ohne es zu wissen - das ungeheure Gewicht des Weiblichen in die Waagschale der Welt werfen"[5]).

Ein unschätzbarer Vorteil ist der Frau nun darin gegeben, daß sie sich dieser ihrer „metaphysischen Bedeutung" bewußt werden darf. In dem Maße, als die fortschreitende Naturwissenschaft die Unterordnung der Frau unter den Mann nicht mehr zu begründen vermag, übernimmt die fortschreitende Geisteswissenschaft auf ganz anderer Ebene, weit tiefer begründend und daher weit mehr verpflichtend, das verwaiste Amt. Die metaphysischen Grundlagen der Über- und Unterordnung werden sichtbar. Aus den knappen Worten der Schöpfungsgeschichte läßt sich der Gottesgedanke im Zueinander der Geschlechter deutlich herauslösen.

Gottes Gedanke

„Mann und Frau" ist, nach dem Bericht der Genesis (1,27), die Ganzheit des gottebenbildlichen Menschen. Gott aber hat diese Ganzheit nicht auf einmal geschaffen. Erst stand der Mann alleine inmitten der Herrlichkeit des Garten Eden. Er atmete, staunte und erkannte sich und die Welt in ungeheuerer Einsamkeit; in einer Einsamkeit, die nicht durch die Vaterschaft Gottes, nicht durch die Dienstbarkeit aller Tiere des Feldes und aller Vögel des Himmels gebrochen werden konnte. Als Adam jedes Ding zum ersten Mal beim Namen nannte, war er noch allein; als Gott das Gebot gab, von dem Baum der Erkenntnis nicht zu essen, war er noch allein. Gott sah, daß diese Einsamkeit nicht gut für ihn sei, aber Adam hat sie doch geraume Zeit ertragen, er hat in ihr von der Welt Besitz ergriffen und es scheint, als wäre davon die Fähigkeit zu äußerstem Alleinsein für immer ein königliches Merkmal des Mannes geblieben, als müßte im Blick des Mannes dieses Staunen und Erkennen hinweg über die anderen Menschen, in die Einsamkeit hinein, heute noch nachleuchten.

Ganz anders das Wesen der Frau. Die Frau wurde von Anbeginn zum Menschen hin erschaffen, als seine Gefährtin. Sie war niemals in der ganz großen Einsamkeit und es gibt kaum etwas Verloreneres, Widersinnigeres zu denken als eine Frau, inmitten aller Herrlichkeit der Welt auf sich allein gestellt, ohne einen Menschen, auf den sie bezogen ist und der sie überhaupt erst sinnvoll macht. Deshalb liegt auch ihr königliches Merkmal, verschieden vom männlichen Wesen, nicht in der Fähigkeit zu äußerstem Alleinsein, sondern im Dienste der Gefährtenschaft. Und deshalb kann der Blick einer Frau nicht aufleuchten im Hinwegsehen über die Menschen in die Fernen der Einsamkeit, sondern, im Gegenteil, im Haftenbleiben am Nahen, im Einbringen in das Bedürfnis des Nächsten. Als Eva zum ersten Mal den Dingen gegenüberstand, waren es für sie nicht mehr bloß Dinge, sondern Dinge, denen Adam einen Namen gegeben hatte. Und als Adam die Frau zum ersten Mal mit allem bekannt machte, war ihre erste Freude daran der erste Dienst am Menschen. Denn Adam bedurfte schon in seiner vorsündlichen Leidlosigkeit ihrer Mitfreude, um selber wirklich froh zu sein.

So ist es vor dem Sündenfall. Nun wird durch den Verlust der Gotteskindschaft die menschliche Natur verwundet, aber nicht verwandelt. Der Mann ist noch Herr der Erde, ihre Früchte sind noch für ihn; aber es genügt nicht mehr ein bloßes Ausstrecken seiner Hand, sondern er muß um sie kämpfen, gebeugt unter den Dienst am Acker voll Disteln und Dornen, den Dienst am Pflug, den Dienst an der Sache. Die Frau ist immer noch Gefährtin des Mannes, aber nicht mehr bloß im Mitfreuen an seiner Freude, damit er selbst wirklich froh werde, sondern im Dienen unter seinem Dienen, damit sein Sachdienst von ihr aus sich zum Gottesdienst erhelle.

So kündet schon die Entstehungsgeschichte des Menschengeschlechts deutlich den göttlichen Gedanken. Seine Tiefen aber liegen jenseits des greifbaren Geschehens in der metaphysischen Wesenheit der Dinge.

Die metaphysischen Grundlagen

Unzählige Frauen gelangten im Verlauf des letzten Jahrzehnts aus eigenem Ahnungsvermögen zu der Überzeugung, daß sich die Frau mit dem „Non serviam" – „Ich will nicht dienen" – um den besten Sinn ihres Seins betrüge. All diese richtigen Ahnungen unterbaut nun Schwester Thoma Angelica Walters „Seinsrhythmik"[6]) mit einem weitausgreifenden, tragfähigen Grund. Da ihre Gedanken in mancherlei Hinsicht ein bedeutsames Widerspiel, richtigstellend und doch vielfach bestätigend, zur Thomasischen Lehre bilden und überdies für die Einordnung der Frau in die Gesellschaft und ihre Zuordnung zur Hierarchie prinzipielle Richtlinien aufzeigen, seien sie auch in großen Zügen in den Zusammenhang eingefügt.

Von einfachem, unbefangenem Wissensdrang gehen die Untersuchungen Sr. Thoma Angelicas aus. „Was fraulich sein im letzten Sinn bedeute, das wollte ich wissen"[7]). Die Bezeichnungen „weiblich", „fraulich" waren ihr geläufig als zumeist pädagogisch gemeinte Ausdrücke für das, was „einer Frau anstehe oder nicht". Sie fand, daß diese Ausdrücke mit „unbesorgter Sicherheit" gebraucht würden, die sie nicht ohne weiteres übernehmen konnte, wegen des „ungeklärt Gefühlsmäßigen, das in ihnen enthalten schien". Sie verlangte nach einem „festumrissenen, logisch auseinanderfaltbaren Begriff des Fraulichen", nach einem „Fundament,... auf dem sich der ganze Inhalt des Frauentums wie ein Gebäude in folgerichtigem Zusammenhang aufrichten ließe", richtunggebend im Zweifel, wegweisend im Neuland. Die Frau müsse wissen um den Sinn ihrer inneren Struktur, notwendig aber stelle sich mit der Frage nach dem Fraulichsein auch die nach dem Männlichsein.

Von jedem Sein, das man betrachtet, kann man aussagen, daß es da ist und so da ist, nämlich in einer bestimmten Seinsweise, mit bestimmten Eigenschaften, Form, Farbe, Härte usw. Die Frage nach dem Ineinander und Zueinander von Dasein und Sosein ist ein Hauptproblem der metaphysischen Forschung von jeher. Es zeigt sich nun, daß philosophische Systeme verschiedener Art in ihrem Bestreben, das Dasein – Sosein – Verhältnis zu beschreiben, Bilder und Vergleiche aus der Eigenart der Geschlechter nehmen und daß alles, was zum Bereich des Daseins gehört, den Komplex der fraulichen Bezeichnungen an sich zieht, wenn auch nicht ausschließlich, während sich alles Männliche ähnlich um das Sosein sammelt[8]).

In eingehender Untersuchung ordnet die Verfasserin nun dem Dasein, als dem Ausdruck für das Frauliche, die Begriffe Dunkel, Ruhe und Zeit zu, dem Sosein hingegen, als dem Ausdruck für das Männliche, die Begriffe Hell, Unruhe, Raum. Sie führt die beiden Kräfte im Rhythmusspiel ihres Auseinanders und Zueinanders vor, die Nachbildung des großen Weltrhythmus der creatio continua darstellend, der dauernden Schöpfung mit ihrem ununterbrochenen Ein- und Ausatmen des Seins. Schon aus diesen ganz abstrakten Spekulationen über die feinsten Regungen des Seins ergibt sich eine praktische Folgerung, nämlich die Verwandtschaft des Geschlechtsrhythmus mit dem Schöpfungsrhythmus und daraus die Forderung, daß jede Verbindung von Mann und Frau wesentlich auf Schöpfung gerichtet sein muß, daß also die eheliche Verbindung der Geschlechter nur in einer neuen Hervorbringung, das heißt im Kinde, zur Sinnganzheit wird[9]).

16

Weiterhin ergibt die Durchführung der rhythmischen Wesensgliederung, daß die Frau das Fundament darstellt, der Mann hingegen die Abgipfelung, daß also Mann und Frau zweifellos verschiedene Haltungen und verschiedene Aufgaben zukommen. Diese Verschiedenheit bedeutet aber nicht eine so vollkommene Trennung, als sollte das Wesen der Geschlechter innerhalb der Menschheit auseinandergesägt werden wie mit einem glatten Schnitt, so wie man etwa einen Stamm durchsägt: die Wurzel, die Wipfel, die Frau in der Tiefe als Wurzel, der Mann in der Höhe als Wipfel; sondern mit Fundament ist die ganze Wurzel gemeint, die noch den höchsten Wipfel hält, und umgekehrt ist mit Abgipfelung der Wipfel gemeint, der noch den tiefsten Ausläufer der Wurzel formt; die Wurzel, deren Grundkräfte noch den letzten Wipfel füllen, und der Wipfel, der die letzte Wurzelranke beschließt[10]). Es kommt auf das feinste Ineinanderwirken und Sicherergänzen an. Doch Ergänzung wird nicht im landläufigen Sinn genommen als ein Mangelausgleich, als müßte der eine Partner nur ergänzen, was dem andern fehlt, und vollenden, was in ihm unfertig ist. Nein, das richtige Zueinander der Geschlechter vollzieht sich nicht in gegenseitiger Armut, sondern in Eigenkraft und Eigenreichtum, eben zum Bilden eines Neuen, eines Überflusses gleichsam, eines neuen Lebens[11]).

Es ergibt sich also bei der Frau als Fundament und dem Mann als Abgipfelung trotz der inneren verschiedenen Haltung und Richtung – denn die Wurzel muß aus der dunklen Tiefe emporwirken und die Wipfel aus der hellen Höhe hinab – doch wahrhafte Gleichwertigkeit; denn Mann = Mensch, und Frau = Mensch, und der Letztrhythmus als Schöpfungsrhythmus ergibt die Mann – Frau – Einheit = Mensch: „Er schuf den Menschen als Mann und Frau" (Gen 1,27).

Um nun den Aufbau des gesamten Kosmos zu erkennen, prüft die Philosophin das erhaltene Resultat über alle Seinsstufen hin nach. Sie beginnt bei untermenschlichem Sein, nämlich bei Licht und Pflanze, und läßt von diesem Tiefpunkt aus die Seinsrhythmen in hinreißend kühnem Schwung über Mensch und Engel zur Trinität selbst emporspielen.

Diese Untersuchung stellt unter anderem fest, daß eine unüberbrückbare Kluft zwischen den einzelnen Seinsstufen besteht, also nicht nur ein gradmäßiger, sondern ein wesentlicher Unterschied zwischen Licht, Pflanze, Tier, Mensch, Engel und Gott. Über diese Trennung hinweg aber sucht sie nach der Verbindung unter ihnen und findet sie im Verhältnis des Dienstes, und zwar bei allem geschaffenen Seienden vornehmlich im Dienst zu Gott und im Dienst zueinander. Im sichtbaren Kosmos herrscht der Dienst der unteren Stufe zur höheren hin vor, es dient also im allgemeinen die Pflanze dem Tier, das Tier dem Menschen, aber wir finden auch eine merkwürdige Dienstrückwirkung zu einer niederen Stufe hin, da doch die Engel zum Dienst der Menschen beauftragt sind[12]).

Zum Begriff des Dienstes kommt dann der Begriff der Subordination dazu, aber bezeichnenderweise erst im Gebiet des Seelischen, weil es sich ja bei Subordination um ein bewußtes Ein- und Unterordnen handelt. Es ergibt sich also die Fähigkeit zur Subordination geradezu als ein Merkmal des Geistes. Wenn die Menschheit sich gegen eine gestufte, hierarchische Gesellschaftsordnung empört und ein bloßes Nebeneinander, wie etwa im Kommunismus, fordert, so bedeutet das gleichsam ein Hinuntergehen unter das Geistige auf die Zuordnungsweise der niederen Schöpfungsstufen. Diese Erkenntnis aber wirft ein sicher orientierendes Licht auf Frauenbewegung und Volksbewegung, auf das Gebilde der Familie und des Staates. Das Schwinden der Subordinationskraft ist ein Schwinden der Geisteskraft[13]).

Sr. Thoma Angelica arbeitet nun am Seelengerüst den sich subordinierenden Daseinszug im Fraulichen und den sich überordnenden Soseinszug im Männlichen aus. Ihre Überlegung führt sie dann dazu, in der Frau, wegen ihrer stärkeren Dakraft, die stärkere Betonung des Willens festzustellen, beim Mann, wegen seiner stärkeren Sokraft, die stärkere Betonung des Intellektes. Es ist aber hier wieder ausdrücklich darauf hinzuweisen, daß es sich um keinen glatten Schnitt handelt, nicht um eine Ausschließlichkeit nach der einen und der anderen Seite, sondern nur um eine stärkere Betonung. Sollte alle Willenskraft bei der Frau und alle Denkkraft beim Mann gesammelt sein, so wäre Sr. Thoma Angelica sich selbst der stärkste Widerspruch; denn ihr Buch konnte nur von einem ausgezeichneten Intellekt ausgedacht werden. Es gibt auch tatsächlich keinen Erkenntnisakt, dem nicht ein zustimmender Wille beigesellt wäre; man will denken; und es gibt keine noch so rücksichtslose Willensäußerung, bei der nicht wenigstens eine verborgene Einsicht mitwirkt. Es lassen sich also Intellekt und Wille schon an sich nicht auseinandersägen[14]).

Diese Betrachtung der obersten Kräfte, Denken und Wollen, führt von selbst zur höchsten Würde des Menschen, zu seinem freien Personsein, zur persönlichen Freiheit.

Wie betätigt sich nun das freie persönliche Leben des Menschen in richtiger Weise? Es betätigt sich in einer Über- und Unterordnungsbewegung. Diese Über- und Unterordnungsbewegung muß sich schon notwendig innerhalb jeder einzelnen Seele vollziehen: der Wille muß sich dem Verstand unterordnen. Sie muß sich aber auch innerhalb der menschlichen Gesellschaft als Geschlechtergemeinschaft vollziehen durch Unterordnung der daseinsbegründenden Frau unter den seinsformenden Mann. Diese Forderung verliert sogleich ihr Mißverständliches, wenn betont wird, daß keineswegs jede Art von Unterordnung in Betracht kommt, sondern im Gegenteil nur eine ganz bestimmte. Die Frau hat sich nicht unterzuordnen so als ob sie etwa nur Materie oder Leib oder Natur wäre und der Mann Geist; auch nicht als ob sie Sache wäre und der Mann Person, auch nicht als ob sie Werkzeug wäre und der Mann Herrscher usw. Es besteht überhaupt kein Stufenunterschied zwischen Mann und Frau, so als ob sie geringer wäre als er. Die Gleichwertigkeit wurde ja schon eigens betont. Es kommt nur in Betracht das freie Ineinanderordnen, das eben naturgemäß ein Über- und Unterordnen ist, die Vermählung, das fruchtbare Einswerden auf geistigem wie auf leiblichem Gebiet[15]).

Nun erhebt sich die Frage: was fordert eigentlich die personale Mannesautorität von der sich unterordnenden Frau? Was hat der Mann von der Unterordnung der Frau?...Auf christlicher Ebene kann es sich unmöglich – ganz gewiß auch bei Thomas nicht – um die Befriedigung eines Herrschgelüstes handeln; eine solche Haltung zum Prinzip erhoben, würde den Mann in bezug auf die Heiligung, die nur auf den Wegen der Demut erreicht wird, zu sehr in Nachteil setzen. Es muß also eine andere, tiefere Forderung zugrunde liegen. Und wirklich enthüllt sich diese Forderung als eine ganz bedeutsame Aufgabe und Würde, die der Frau gerade in ihrer Unterordnung zukommt. Denn die eigentliche, tiefinnere Forderung der Autorität des Mannes an die Frau ist, daß sie ihn selbst erst in seinem Personsein ermögliche. Die magdliche Haltung der Frau muß ja das Vorbild sein für die magdliche Haltung der ganzen Menschheit vor Gott. Wenn die Frau den Dienst am Menschen aufgibt, wird die ganze Menschheit den Dienst an Gott aufgeben, das aber bedeutet Sturz in die Verdammnis, in die äußerste Finsternis jener Engel, die auch nur fielen, weil sie Gott den Dienst aufkündigten. Wird also die Frau dieser ihrer Berufung zum Dienst am Menschen nicht gerecht, so tut sie nicht vielleicht bloß dem Mann an, daß sie irgendwie ein Hand- oder Geisteswerk, daß sie etwa gemeinsam mit ihm schaffen sollte, behindert und verdirbt, sondern sie verletzt und gefährdet ihn selbst, und in ihm die gesamte Menschheit; denn sie entzieht seiner inneren Geistes- und Personhaltung die notwendige Stütze[16]). Er ist von ihrer dienenden Haltung abhängig und kann ohne sie das rechte Gleichgewicht nicht finden.

In diesem Sinne betrachtet, kann man ohne jede Herabwürdigung zugeben, daß die Frau wahrhaftig nur um der Person des Mannes willen, propter virum, geschaffen sei. Oberflächlich betrachtet kann dieses vielumstrittene Pauluswort[17]) freilich den peinlichen Eindruck hervorrufen, als würde dadurch jedes Eigensein, alle Eigenwürde der Frau hinweggefegt. In Wahrheit unterstreicht es ganz charakteristisch die Eigenbedeutung der Frau und weist ihr eine Aufgabe zu, die so groß ist, daß nur ein kümmerlicher Geist davor noch in der Enge kleiner Empfindlichkeit verharren könnte. Ein großes Herz hingegen kann sich dieser großen Aufgabe nur freuen. Der eitle Mensch sorgt sich um den Titel seiner Leistung, der innerliche hingegen nur um ihren Gehalt; und er schätzt keine Ehrung so sehr, wie die Übertragung einer schweren und bedeutsamen Verantwortung. Eine solche aber ist der Frau doch zweifellos übertragen, wenn sie in ihrem Darunterstehen oder Sich-freiwillig-darunterstellen die Mutter des Mannes werden soll, das wirkliche Fundament seines Seins. Gerade in diesem Darunterstehen oder Sichfreiwillig-darunterstellen wird die Frau die Mutter des Mannes, das wirkliche Fundament seines Seins, der Ruhepol seines personalen Gleichgewichts und damit der Seinsgrund seiner Wipfelhöhe, seines Herrentums auf Erden[18]).

Die heutige Weltlage, die von der gottgewollten Weltordnung noch so weit entfernt ist, zeigt eine Zwangshaltung im Zueinander der Geschlechter. Diese Zwangshaltung stammt nicht nur aus dem Aufbegehren der Frau, sich zu belasten, sondern auch aus dem Aufbegehren des Mannes, sich tragen zu lassen[19]). Auch dazu gehört Demut; denn er soll ja, wie gesagt, die Frau nicht beherrschen um des Herrschens willen, sondern er soll aus der Kraft ihres Sichbeugens die Kraft seines Aufrechtstehens empfangen. So wird die frauliche Subordination erkannt und bejaht als das, was sie sein soll, als „eine Würde, eine naturgegebene Krone"[20]).

Die Du-zu-Du-Beziehung in der Über- und Unterordnung ist nichts anderes als die Haltung einer reinen persongeborenen, personbezogenen, personbewahrenden und personschenkenden Liebe. Beim Mann ist sie in ihrer ersten Regung eine Bewegung zur Gerechtigkeit nach dem Grundsatz: Jedem das Seine. Bei der Frau ein Überfließenlassen des Eigenen in den andern nach der Richtschnur: Dir auch das Meine[21]). Hierin liegt das Vorrecht der Liebe für die Frau, von dem Papst Pius XI. in seinem Rundschreiben über die christliche Ehe „Casti connubii" spricht. Aus dieser persönlichen Liebeshaltung blüht der magdliche Dienst der Frau an der Personhaltung des Mannes, ihr Dienst an der Person beglückend auf.

Wegen dieser personbildenden Verantwortung ist die Frau der Reinheit nicht nur wie der Mann verpflichtet, sondern ihr gleichsam überverpflichtet; sie muß sozusagen einen vorrätigen Überfluß daran haben[22]).

Als Tragende hat die Frau auch eine gemeinschaftsbildende Aufgabe; sie muß dafür sorgen, daß nichts übersehen und vergessen werde, jedes zur

Beachtung und zu seinem Recht komme. „Eine Frauenbewegung, sei es einer einzelnen Frau oder der Gesamtheit, regt sich deshalb immer da, wo durch einseitiges Hinaufentwickeln ein Breitemoment zu kurz kommt. Bei ausschließlicher Betonung des Leiblichen wird die Frau die Hüterin der Geistigkeit, bei Überspitzung des Denkens zu fülleloser Abstraktheit, des Organisierens zu unlebendiger Mechanik, wird sie die Verfechterin der vitalen Leibes- und Seelenkräfte"[23]).

Das Frauliche will für alle einen Platz und das Männliche hingegen alles an seinem Platz[24]).

Die Untersuchung gipfelt in dem „Rhythmus Gottbeziehung"[25]). Hier zeigt sich das Gott-finden-in-allen-Dingen als frauliche Art, hingegen das Hinführen aller Dinge zu Gott als männliche Art[26]). Dadurch scheidet sich in großen Zügen die Weise des Priestertums für Mann und Frau. Beide erweisen sich als Nachahmer Gottes. Die mütterliche Frau will Abbild der liebenden, ständigen Hingegebenheit Gottes an seine Schöpfung sein, sie spürt Gott als den Gegenwärtigen auf. Der Mann hingegen ahmt Gott in seiner Werkhaltung nach, den Gott über uns. Wie die Frau geborgen ist in Gott, so ist der Mann geborgen in ihr; sie ist für ihn das Zuhause, die Heimat. Der Mann ist vorwiegend Gottsucher, die Frau vorwiegend die in Gott Ruhende[27]).

In den Glanz dieser Gottbeziehung eingetaucht, erscheint die für viele so empfindliche Tatsache der dienenden Haltung der Frau durchwärmt und durchsonnt von der Liebe des göttlichen Schöpfungsgedankens. Gott wollte die Frau ganz tief in das Geheimnis seiner eigenen Vaterschaft, das Urgeheimnis der Fruchtbarkeit hineinziehen. Hat Er die Frau zum Dienst des Tragens und Stützens berufen, so ist Er, Gott selbst, schon vor ihr der unentbehrlich Tragende und Stützende seiner Kreatur. Er ist es, der zuerst verborgen im Schoß allen Seins wirkt, in den Lebensregungen schwingt, die Lebenstiefen erfüllt. Er segnet und umhegt, Er umsorgt und nährt, Er wird selbst im Innern des Geschöpfes der tragende, immer reiche und strömende Mutterschoß, der Urgrund allen Seins, der Diensttuende seiner Kreatur[28]). Gott so zu sehen, dem Geringsten seiner Geschöpfe zum Leben dienend, das muß dem herrschsüchtigen Geist wohl die Würde und Macht des Dienens in einer Weise zu Bewußtsein bringen, daß er vor ihr erschauert und nie mehr ernstlich in Gefahr kommt, den Dienst zu verleugnen. Dem Leben dienend, ist die Frau Mitdienende mit Gott, der zutiefst dem Leben dient. Um so erhabenen Mitdienstes willen hat Gott die Frau zur Selbstvergessenheit, zur Selbstverschwiegenheit, zur Selbstverschwendung bestimmt. Nur darin kann die Frau stark sein, nur darin Mutter, leiblich oder geistig. Aber

Selbstvergessenheit soll keineswegs Gedankenlosigkeit sein, sondern die mütterliche Antwort auf das Leben ringsumher; Selbstverschwiegenheit nicht Stummheit, sondern der Schatten einer glühenden Beredsamkeit der Liebe; und Selbstverschwendung nicht Verlust, sondern die unbezwingliche Haltung eines Herzens, das von innerem Reichtum überfließt.

Erneuerung aus eigenem Geist

Sind die metaphysischen Grundlagen richtig aufgezeigt, so müssen sie notwendig bis in die letzte Formung des gewöhnlichen Alltags praktisch hineinwirken. Jeder echt und kraftvoll gedachte Gedanke kommt zu solcher Wirkung. Man hat mechanische Wirkungen vor Augen und sagt: steter Tropfen höhlt den Stein; oder: wo man hobelt, da fallen Späne. Man hat organische Wirkungen vor Augen und sagt: wenn das Kind gut ißt, wird es groß und stark. Man müßte ebenso der geistig – organischen Wirkungen inne werden, die auch wahre Lebenswirkungen sind. Der Geist baut sich den Körper. Das Denken baut sich die Lebensform. Gedachte Gedanken sind große Wirklichkeiten im wahren Sinne, nämlich unaufhaltsam wirkend. Sie befruchten das Leben wie Saat den Erdboden zum Hervorbringen von giftigen oder guten Früchten.

Es ist nun erfreulich, daß die mächtige Besinnung, sogar bis in ihre philosophische Fundierung hinein, von Frauen selbst vollzogen wurde. Gerade dadurch ist sie ganz echt und praktisch anwendbar; denn sie kommt ja aus einem Selbstzeugnis der eigenen Natur. Mögen sich einzelne Veteranen der alten Kämpfergeneration – der Sympathie und Achtung nicht versagt bleiben sollen – samt einer kleinen Gefolgschaft gegen diese Wendung sträuben und an den alten strammen Forderungen nach „Gleichberechtigung" festhalten: die gesunde Natur wird, überhöht durch die geistige Macht der Urgedanken, stärker sein; sie wird den Krampf lösen und die Reaktionen zu überwinden wissen. Überzeugt von ihrer Gleichwertigkeit und Andersartigkeit wird die Frau nicht mehr Erfolg und Aufsehen vom Mann zu erborgen suchen, sondern sie wird den Reichtum ihres Wesens aus ihrer eigensten, geheimnistiefen, man möchte sagen, religiösen Würde zu entfalten suchen.

Eine Klärung des Stehens der Frau zum Priestertum müßte sowohl falschem Ehrgeiz den Boden entziehen, wie auch von Minderwertigkeitsgefühlen heilen, die vielfach Wurzel jenes falschen Ehrgeizes sind und die leider noch häufig genug vorkommen. Die unabweisbare Erfahrung, die nun gemacht wurde, daß die Frau nicht „wie der Mann" leben und wirken könne, führt manchmal zu schwerem Hader mit dem Schicksal, daß man nicht als Mann geboren ist. Dieser Hader ist sinnlos und unfruchtbar, ja, er ist zerstörend; nicht nur wegen seiner Nutzlosigkeit, sondern auch wegen der beklagenswerten Verleugnung weiblicher Eigenwerte, die hier gegeben ist. Ein Mensch, der sich immer in andere Lebenslagen wünscht als die gerade gegebene, um etwas zu sein und zu leisten, steht stark in Verdacht, daß er in keiner etwas leisten würde. Ganz so wie der Stolz am Mannestum ist auch die Freude am Frauentum berechtigt, eine tiefinnere Freude von eigener Fruchtbarkeit.

Es wäre ein besonderer Erfolg dieser Schrift, wenn sie diese Freude mitteilen oder vertiefen könnte. Denn es gibt ja keinen Überfluß an Freudenquellen in dieser ernsten Zeit. Da wäre es nun köstlich, so etwas in sich selbst zum Springen zu bringen, aus den Kräften und Fähigkeiten der eigenen Natur, dem einzigen, was man bis zum Tode unverlierbar zu eigen hat.

Verworrene Verhältnisse können es ja mit sich bringen, daß ein Mensch im Berufsleben seines Volkes und seiner Zeit keinen Raum für sich findet; daß er arbeitslos und stellenlos ist. Seinen angeborenen Platz im Weltganzen als Persönlichkeit und sein weibliches oder männliches Wesen kann ihm niemand nehmen. Dies kann er nicht verlieren und hier harrt immer eine Aufgabe der Verwirklichung durch ihn; und zwar für jeden Menschen seine ganz einmalige und besondere Aufgabe. In dieser großen Schau kann ein Leben nie „unnütz" oder „vergeblich" verlaufen, wenn man diese Aufgabe erkennt und sie meistert. Durch das Erkennen und Meistern dieser Aufgabe wird das unscheinbarste Leben mit starkem Inhalt erfüllt, es wird ein in sich selbst vollendetes, ein glückliches Leben.

„Glückliches Leben", das ist ein ungemein praktisches Ziel, in jedem Augenblick unseres Alltags nach Verwirklichung rufend. Deshalb müßte uns die Erkenntnis des wahren Glückes so ganz in Fleisch und Blut übergehen und dürfte uns nie mehr loslassen. Sie müßte sich ausprägen in Haltung und Kleidung, ja in den Linien des Gesichtes. Denn es ist, wie schon gesagt wurde, der Geist, der sich den Körper formt. Kosmetik ist nicht mehr als äußerer Verputz. Vom Geist her haben Stirn und Mund und Kinn ihre Prägung und ihren Ausdruck. Dem Geist muß der Wirkraum freigegeben werden.

Hier wäre einem Einwand zu begegnen: ausgehend von der Frage nach dem „Priestertum" befaßt sich diese Untersuchung nun allen Ernstes mit fraulichem Wesen und fraulicher Berufung überhaupt. Geht es an, den weltlichen Bereich so in den religiösen mit hineinzuziehen?

Unter Anwendung der männlichen spekulativen Methode, die fein abzugrenzen und zu sondern versteht, hätte eine Sonderbehandlung des einen wie des andern bis zu einem gewissen Grade durchgeführt werden können. Man hätte in der Biologie, Physiologie und Psychologie weite Felder gefunden, um interessante Teilergebnisse zu ernten. Wo aber der Versuch gemacht wird, an die eigensten fraulichen Belange nach der eigensten fraulichen Methode, der Methode der intuitiven Zusammenschau, heranzugehen, da ist die Frage nach dem „Priestertum der Frau" notwendig auch eine Frage nach dem tiefsten Wesen der Frau überhaupt, dem ja „eine besondere Hinordnung zum Religiösen"[29]) zu eigen ist.

Eben diese „Hinordnung zum Religiösen" bedeutet eine Hinordnung auf die heilige Ganzheit des Lebens. Da aber brechen nun notwendig unter dem forschenden Griff die Grenzen auf zwischen Schöpfung und Schöpfer; da läßt sich der Blick nicht mehr abblenden auf das eine oder das andere; da tritt die Fülle des Seins in der letzten Hingabe aneinander hervor und weder Tiefen noch Höhen, weder „Welt" noch „Religion", können als „nicht zur Sache gehörig" ausgeschieden werden.

Der Mann kann, seines Trennungsvermögens wegen, eher von der Religion absehen; die Frau kann es nicht, ohne ihr Frauentum zu gefährden, das eben zutiefst einen religiösen Sinn hat, den Sinn der Bindung zwischen Gott und Welt. Hier wurzelt das geheime, verborgene Priestertum der Frau, ihre ganz besondere Sendung.

Die Frau ist aufgerufen, ihren mütterlich – magdlichen Dienst an der kranken Menschheit endlich zu erfüllen. Doch es scheint, als nütze dieser Aufruf wenig, solange die tiefen Grundlagen, die jenseitigen Zielsetzungen, die großen Zusammenhänge nicht erkannt werden. Deshalb wird in dieser Schrift besonders auf jene Dinge Wert gelegt, die sonst nicht leicht zur Sprache kommen können, weil sie doch von der Frau selbst gesagt werden müssen. Dem „du sollst" möge erst das „du bist" und „du kannst" vorausgeschickt werden. Ist einmal das Sein und Können mit Ernst und Freude erkannt, dann findet sich der Weg zur Erfüllung heiliger Sendung von selbst.

Die Gefahr des Amtes

Diese weitausholende Begründung der Andersartigkeit und Gleichwertigkeit der Geschlechter, der Über- und Unterordnung im Zueinander von Mann und Frau, sollte jeden Rest von Zweifel daran nehmen, daß die Ausschließung der Frau vom amtlichen Priestertum in keiner Weise als Überbleibsel einer ungerechten absoluten Androkratie zu werten ist und keine

Maßnahme auf Grund von weiblicher Minderwertigkeit oder Unzulänglichkeit darstellt, sondern nur die Zuweisung verschiedener Aufgaben zum gleichen Ziel. Von einer „Benachteiligung" kann hier ebensowenig die Rede sein wie etwa beim Vergleich von Vögeln und Fischen. Man kann nicht sagen, daß der Fisch benachteiligt wurde, weil das Wasser und nicht die Luft sein Element ist.

Der Verdacht einer „Benachteiligung" der Frau durch ihre Ausschließung vom Priestertum konnte nur durch eine menschliche Überschätzung des amtlichen gegenüber dem nichtamtlichen Wirken aufkommen.

Man müßte sich darüber klar werden, daß dem Wesen des Amtes viel Kraft und Gnade, aber auch viel Gefahr zukommt; vor allem Gefahr der Erstarrung, Gefahr der ausgehöhlten, schematischen Gebärde. Je mehr Insignien einem Menschen aufgelastet werden, desto leichter kann es geschehen, daß er unter ihnen wegdorrt, ohne daß man es merkt. Die viele Würde steht zuletzt allein, ganz steif und starr, auch wenn die Seele darunter längst verschmachtet ist. Das „Amt" ist allzu leicht ein Drittes zwischen dem Menschen und Gott; und der Priester muß es immer heiß erobern, damit es Bindung werde und nicht Trennung. Ein beträchtlicher Teil der besonderen priesterlichen Standesgnade geht gewiß für das rechte Ertragen der priesterlichen Würde auf, für das richtige Entgegennehmen der Ehrfurcht, die dem heiligen Stand gebührt.

Die Frau müßte sich, wie jeder Laienapostel dessen bewußt werden, daß sie gerade als Mitarbeiter der Hierarchie in ihrer „Amts- und Würdelosigkeit" etwas ganz Köstliches besitzt. Ungläubige und Fernstehende halten jedem Bekenner des katholischen Glaubens innerlich zuerst einmal die mißtrauische Frage entgegen: „Was für ein Interesse hat er daran?" – Bei einem Priester, einer Ordensperson, denken sie gleich: „Natürlich, der kann ja gar nicht anders reden, der ist ja für sein Leben festgelegt, wenn er nicht seine Existenz und seine Ehre gefährden will." – Wenn aber einer nichts hat als seine bloß durch den Taufschein belegte Gotteskindschaft und er kommt herein und sagt „Friede!" und bringt die Frohe Botschaft, so stößt das Mißtrauen nicht so leicht auf den gewünschten Grund. Fragt man so einen „Inoffiziellen", was er denn davon habe, so kann er sich auf rein gar nichts berufen als auf die große Liebe, die ihn drängt und treibt, jeden Tag neu; denn sein Bekenntnis wird täglich aus seiner Liebe geboren, ganz frei zwischen Himmel und Erde.

Würde! Ansehen! Das sind doch vor allem ständige Gefahren für die Demut, ohne die kein Apostolat etwas taugt; und man hat sich ohnedies sein ganzes Leben lang mit nichts so hart herumzuschlagen wie mit der Satansfratze

Hochmut. Nach Würde und Ansehen zu streben, ist jedenfalls eine arge Schwächung des Apostelgeistes. Es läuft sich doch auf flachen Sohlen viel besser als auf Stelzen! Darum gibt es für den Apostel nichts Klügeres, als sich um die geniale „Untendurch-Technik" der kleinen heiligen Theresia zu bemühen.

Zweierlei Berufung

Um die dem „Amt" eigene Gefahr auszugleichen, genügt es nun nicht, daß die Menschheit sich teilt in Priester, die zum amtlichen Gottesdienst berufen sind, und Laien, die zu ihm nicht berufen sind. Sie muß sich auch teilen in Männer, die zum amtlichen, und Frauen, die zum nichtamtlichen Gottesdienst berufen sind; berufen alle beide.

Die Frau ist demnach von der Hierarchie nicht ausgeschlossen, weil sie ihrer unwürdig wäre, sondern weil nach ihrer besonderen Wesensart das Lebensunmittelbare, Fließende, Werdende ihr eigenstes Gebiet ist, so wie das Abgerückte, Bestimmte, Gestaltete eigenstes Gebiet des Mannes ist. So unentbehrlich, so stark, so erhaben und gnadenreich amtliches Priestertum ist, so unentbehrlich, stark und gnadenreich ist auch das nichtamtliche, außerhierarchische, titellose, verborgene Priestertum, zu dem die Frau berufen ist. Es muß in tausendfacher Weise ergänzen und Gleichgewicht halten und mütterliche Blutwärme in die festgefügten Formen strömen lassen.

Zeugnis der Heiligen Schrift

Die Gegebenheit zweier unterschiedlicher Arten von Berufungen – zum amtlichen und zum nichtamtlichen Gottesdienst – kommt deutlich zum Ausdruck im Verhalten des Heilandes selbst.

Während er die Männer für seine Gefolgschaft ausdrücklich mit Namen berief und durch bestimmte Ämter an sich band, hat er keine einzige Frau mit Namen berufen, keine einzige mit einem bestimmten Amt betraut. Und dennoch folgten sie ihm, folgten sie ihm weiter, als die Männer ihm gefolgt waren. Die Heilige Schrift berichtet von vielen Frauen, die ihm treu blieben bis unter das Kreuz, aber nur von einem Mann, Johannes, den die Kunst fast fraulich darzustellen pflegt. Die anderen „männlicheren" Jünger haben, so scheint es, die Schmach des Geschehens nicht zu ertragen vermocht. Die Jünger mußten helfen können oder fliehen; unmöglich war es ihnen, hilflos mitzuleiden, durch stilles, demütiges Ausharren nichts als Liebe zu beweisen. Sie konnten in dem, was sich so Schlag auf Schlag ereignete, keinen Sinn mehr erkennen, nur den Zusammenbruch alles dessen, was sie so glühend erhofft hatten. Mit dem „Ansehen" der Person fiel für sie auch die „Geltung" der Lehre. Dem mehr vom Intellekt bestimmten Mann liegt ungemein viel an der Sicht, dem Sehen und Gesehenwerden. Er liebt das Ansehen und das Anzusehende. Er will Gloria, Ruhm und Ehre nicht nur für sich sondern auch für seinen Meister. Wo dieser Glanz verlischt, wird er blind. Die mehr vom Willen bestimmte Frau hingegen trägt ihren Reichtum, das, was ihr lieb und wert ist, mehr in der Tiefe gelagert. Er bleibt in Geltung, auch wenn er nach außen „unansehnlich" geworden ist, „ein Wurm und kein Mensch" (Ps 22,7). Ein an halbdunkles Licht des liebenden Ahnens gewöhntes Auge findet sich in tieferem Dunkel leichter zurecht als ein aus voller Helle kommendes, das nichts mehr zu unterscheiden vermag. Um ihrer Fähigkeit des Ahnens willen braucht die Frau nicht so sehr nach Sinn und Ziel zu fragen. Wenn die Katastrophe den Verstand übertäubt, bleibt noch ihr liebender Wille aufrecht und hilft ihr, auch ein offenbar sinnlos Gewordenes noch zu ertragen. Dem Mann dagegen ist Sinnloses unerträglich.

Auch die Frauen mußten zu ihrer stillen Gefolgschaft berufen werden. Keiner kann dem Herrn folgen, den Er nicht ruft. Es bedurfte indessen bei den Frauen nicht des gesprochenen Wortes, nicht der ausdrücklichen Anrede. Es war ihnen gegeben, einen bloß innerlichen Ruf aufzufangen, zu verstehen, zu befolgen. Sie warteten auf keine Anweisung, auf keine Betrauung mit einem Amt. Sie wurden nicht beunruhigt von den Fragen nach dem Was und Warum und Wofür; wenn sie nur lieben durften. Ihr heimliches „Amt" war ihnen gar nicht zweifelhaft: für ihn sorgen, ihm dienen, unter dem Kreuz stehen... Kerzen fragen nicht, wozu sie auf Altären still verbrennen. Sie geben ihren Schein, verzehren sich und wollen es nicht anders.

Noch mehrfach bringt das Evangelium zum Ausdruck, wie Gott sich den heiligen Dienst der Frauen gedacht hat. Die Schilderung des heiligen Abendmahles, bei dem Jesus die unerhörte Wandlungsgewalt an sterbliche Menschen verlieh, erwähnt weder Maria noch eine andere Frau als Zeugin dieses Geschehens. Wo aber von der Gemeinde die Rede ist, die auf Jesu Geheiß das Niederflammen des Heiligen Geistes erwartet, da heißt es ausdrücklich: „Sie alle verharrten einmütig im Gebet, zusammen mit den Frauen und Maria, der Mutter Jesu, und mit seinen Brüdern." (Apg 1,14) Beim Empfang des göttlichen Charisma für die heilige Sendung wird also Maria, und zwar in ihrer höchsten Eigenschaft als Mutter Jesu, ausdrücklich genannt und mit ihr die anderen Frauen der Gemeinde.

Den Titel „Virgo sacerdos" (Priesterliche Jungfrau) will die Kirche nicht öffentlich gebrauchen; als „Vas spirituale" (Gefäß des Geistes) aber läßt sie Maria über die Welt hin preisen.

Heilige Scheu vor dem Priestertum

Selbst dem Mann kann aus einer religiösen Haltung heraus richtig Angst werden vor dem Priestertum. Warum wollte sich denn der heilige Franzikus nicht zum Priester weihen lassen? Doch nicht, weil er die Priesterwürde gering achtete? Keineswegs! Sondern weil er um ihrer ungeheueren Erhabenheit und seiner Demut willen Angst vor ihr hatte.

Diese Angst nun steht der Frau ganz besonders an. Ja, es kommt ihr sogar eine heilige Scheu vor dem Priestertum ganz wesentlich zu. Der stille Platz im Pfeilerschatten müßte ihr so kostbar sein, daß sie ihn um keinen Preis mit dem Platz des Zelebranten vertauschen wollte; und der Gedanke, sie sollte in strahlendem Gewand dort oben stehen und den Herrn, den sie heimlich im Herzen birgt, vor allem Volk hoch in ihren Händen emporheben, könnte sie dann nur mit Schrecken erfüllen. Mit einem Schrecken, der nicht etwa seinen Grund in lächerlicher Furchtsamkeit oder verlegener Schwäche hätte, sondern in einem Wissen um ihre besonderen Gefahren (auf die später eingegangen werden soll) und in einer gesunden Scheu vor Schaustellung ihrer Person.

Hier läßt sich aus der geschlechtlichen Unterschiedenheit ein Grund mehr gegen das amtliche Priestertum der Frau herausstellen.

Der Mann legt in den Blick nach der Frau den Ausdruck seines Begehrens (vgl. Mt 5,28: „...wer eine Frau ansieht mit begehrlichem Blick..."). Wenn nun ein Mann, festlich gekleidet, den Gottesdienst hält, doch dabei die Blicke ganz in sich gesammelt nach innen lenkt, so ist sein Geschlecht wie aufgehoben. Das Senken seines Blickes oder das Heben über die Umstehenden hinaus löst ihn aus unerwünschten Kontakten, läßt ihn unpersönlich erscheinen und in die Atmosphäre reiner Amtlichkeit emporsteigen. Alles Bezügliche ist ausgeschaltet. Nicht so wäre es bei der Frau. Denn ihre geschlechtliche Grundhaltung ist die des Sichsehenlassens, um begehrt zu werden. (Darum spricht Jesus nicht von der Frau, die einen Mann ansieht, ihn zu begehren.) Erschiene nun die Priesterin geschmückt in Gold und Farben am Altar, so würde es nichts helfen, wenn sie ihre Blicke gesammelt senkte. Das Sichsehenlassen wäre damit nicht aufgehoben. Die Tatsache, daß sie durch festliche Schaustellung ihrer Person die ihr als Geschlechtswesen eigene Haltung, wenn auch ohne jede Absicht, einnimmt, kann nicht unwirksam gemacht werden. Der Mann also vermag sich in dieser Lage gegen das Begehren zu schützen, die Frau nicht gegen das Begehrtwerden. So geziemt ihr dennoch jenseits aller Mode nichts so sehr wie angemessene Verhülltheit. Hier taucht die Forderung nach dem Schleier wieder auf; nicht auf Grund weiblicher Unterwertigkeit, sondern auf Grund ihrer Nähe zum

Geheimnis: die Frau mit einverschleiert in die heilige Hostie, die das mysterium tremendum vor Menschenaugen verbirgt, weil sie es nicht ungefährdet schauen könnten. „Der Schleier ist das Symbol des Weiblichen"[30]). Zum Gottesdienst gehört symbolische Gewandung. Im Schleier, sichtbar oder unsichtbar getragen, hat die Frau ihr eigenstes ganz heiliges Ornat.

Die Gefahr der Frau

Von der „Gefahr des Amtes" war die Rede, die auszugleichen die Frau kraft ihrer stärkeren Gefühlsbegabung besonders berufen ist. Nun soll der Gegensatz dazu, die eigenste Gefahr der Frau, auch nicht verschwiegen werden. An ihr wird am stärksten klar, wie sich in der Ergänzung der Geschlechter nicht „Mangelausgleich" vollzieht, sondern gegenseitige Formung gottgegebenen Reichtums. An ihr wird aber auch klar, daß die Gefahr der Frau nicht in Schwäche oder Ungenügen liegt, sondern im Gegenteil in einem Zuviel an Kraft, in einer Neigung, auszubrechen und zu überfluten, in einem Hang zur Maßlosigkeit.

Gertrud von Le Fort sagt: „Der Mann steht, kosmisch betrachtet, im Vordergrund der Kraft, die Frau lagert in der Tiefe. Wo immer die Frau unterdrückt wurde, geschah es niemals, weil sie schwach war, sondern weil sie als mächtig erkannt und gefürchtet wurde – mit Recht: denn in dem Augenblick, wo die stäkere Gewalt nicht mehr Hingebung, sondern Selbstherrlichkeit sein will, entsteht natürlicherweise eine Katastrophe"[31]).

Es ist bemerkenswert, daß bei den Frauen viel mehr Ansatz zur Mystik zu finden ist und viel weniger Vollendung in ihr als bei den Männern. Die Höhe der Mystik ist ein schmaler Grat, links und rechts von Abgründen umlauert, zu dessen glücklichem Beschreiten eine innere Gleichgewichtsgabe nötig ist, die dem Manne eher gegeben ist als der Frau.

Diese Erwägung weist auf ein Grundgesetz geistigen, namentlich religiösen Lebens zurück: auf die Forderung nach dem Gleichgewicht der polaren Spannung zwischen Gesetz und Geheimnis, zwischen Gott, der uns mit seiner Seligkeit umgreift, und Gott, dem thronenden Richter über Gut und Böse, zwischen unserer Wesensverwandtschaft mit Gott als Vater und unserer Wesensverschiedenheit von Gott als Schöpfer und Gesetzgeber. Um es in zwei ausgeprägte Begriffe zusammenzufassen: das Gleichgewicht in der Spannung zwischen Mystik und Ethik.

Es handelt sich hier um zwei gleichwertige Seiten ein und derselben Sache, so zwar, daß die demütige Gehorsamsunterwerfung unter Gott als Gesetz-

geber und Richter nicht etwa die Vorstufe darstellt für das befreite Aufjubeln des Kindes in der Umarmung des Vaters, sondern daß die demütige
Gehorsamsunterwerfung im befreiten Aufjubeln bestehen bleibt und eigentlich erst vollendet wird.

Die Geistesgeschichte der Menschheit zeigt, daß dieses Gleichgewicht
unendlich schwer zu halten ist. Die letztliche Ohnmacht der sonst so tiefen,
gottnahen indischen Weisheit liegt darin, daß in ihr der Gesetzesteil nur
Vor- und Durchgangsstufe bedeutet für den Erkenntnisteil, daß die Ausübung des Veda, das heißt die Befolgung des Sittengesetzes, nur vorbereitet
auf das mystische Ergreifen des Brahman[32]).

Der Neuplatonismus hätte mit seinem großen und frommen Gedanken, alle
Wesen gehen von Gott aus und alle Wesen streben Gott wieder zu, die
Mythen des Altertums verklären und eine wunderbare Höhe erreichen
können, wenn er nicht mit ausschließlicher Entfaltung des mystischen
Elementes das Gesetzhafte vernachlässigt hätte, so daß er weder den
rechten Ausgang der Wesen aus Gott lehren konnte, weil ihm der Begriff
der Schöpfung fehlte, noch den rechten Weg des Zurückstrebens, weil ihm
der Begriff des Gesetzes fehlte[33]).

Überall aber, wo es der Geisteskraft gelungen ist, das Gleichgewicht nur
annähernd zu erreichen, kam es zu den ganz großen, weitwirkenden,
fruchtbringenden Aufstiegen menschlichen Denkens. Die grundlegende
Bedeutung griechischer, besonders platonisch – aristotelischer Weisheit
liegt darin, daß neben dem spekulativ – mystischen auch der gesetzhafte
Teil der Religion sein Gewicht behielt, das heißt, daß der Gelöstheit des
Dionysischen, wie sie es nannten, die gesetzhafte Ordnung und Maß-
bestimmtheit des Apollinischen als notwendig gleichwertig bis ins Letzte
gegenüberstand. Was Augustinus unter den Kirchenvätern und den Den-
kern überhaupt eine so hervorragende Stelle anweist, ist die Gemütstiefe
und Geistesgewalt, mit der er das mystisch – spekulative Element, das er im
Neuplatonismus vorfand, wieder mit dem gesetzhaft historischen zu jener
Einheit verband, aus der sie stammen[34]). Zu klarster Ausprägung und
reinster Harmonie kamen die beiden Kräfte in der Scholastik, die aus dem
blühenden Leben der Kirche Christi jene Wahrung des Gleichgewichts
lernen und wieder lehren konnte. Aus dem Leben der Kirche Christi: nie und
nirgends in aller Geistesgeschichte waren Spannung und Gleichgewicht
kühner und vollkommener als in ihr, der geheimnisumschleierten Braut
Gottes, der strengen Verwalterin seiner Gerechtigkeit.

Auf wunderbare Weise hat die Vorsehung hier der menschlichen Schwach-
heit vorgebaut, um sie auf dem einzig rechten schmalen Weg zu sichern.

Wenn nämlich schon der innere Hang zum Geheimnis, die einzelne Erfahrung intuitiven Gottahnens und Gottschauens, immer wieder den Irrtum hervorrief, ein so begnadetes Geschöpf könne durch kein von wem auch immer gegebenes Gesetz mehr gebunden sein, es könne jeder äußeren Norm entbehren, da es die innere in sich trage, es sei der gesetzerfüllenden Werte überhoben, da es zur Gnosis, zur Erleuchtung gelangt sei: wenn die Gefahr dieses Irrtums seit je Opfer forderte, wie verheerend konnte sie werden, als sich in Christus das Urgeheimnis Gottes, dem alle Geheimnissehnsucht, aller Mysteriendienst seit jeher unbewußt gegolten hatte, den Menschen überlieferte, sich ihnen preisgab, um nicht den einzelnen hier und dort, sondern die Menschheit zu unerhörter Vereinigung mit der Gottheit emporzuheben! Welche Gefahr des Ausbruchs einer Hybris, eines tödlichen Taumels, wenn das Gesetz nicht zugleich straff die Zügel hielt! Man sieht es an dem wilden Aufzüngeln der Häresien rings um das heilige Feuer der Rechtgläubigkeit, die immer wieder, wie etwa die Gnosis Markions, die Trennung von Gesetz und Frohbotschaft und vor allem die Verwerfung des Alten Testamentes anstrebten. Auch unsere Zeit kämpft ja mit allen Waffen gegen das Alte Testament, weil sie für diesen Hort der Gesetzhaftigkeit kein Verständnis hat und seine bindende Kraft für Härte und Enge nimmt. Aus der Perspektive dieser Gefahr aber müßte man das Verständnis für die allerdings fast unerträglich scheinende Gesetzesstrenge Jahwes gewinnen, in deren starren Grenzen der innerste Drang nach Lösung und Erlösung bitter schmachtete. In wilden, heimlichen Ranken nur konnten Kabbala und philonische Mystik die Engen des Gesetzes überwuchern. Es mußte aber der Sinn für Gesetzhaftigkeit dort tief eingewurzelt und großgezogen werden, wo das alles, selbst die Pforten der Hölle aufsprengende Geheimnis der Erlösung in Erscheinung treten sollte. Der Glaube an den Gesetzgeber und Richter mußte zu äußerster Tragfähigkeit ausgebaut sein, um das erschütternde Erleben des menschgewordenen, erbarmenden Erlösers ertragen zu können. Zu solcher Vorbereitung erschien die Frau freilich ihrem ganzen Wesen nach eher hinderlich und so sank sie denn im religiösen Bereich zu völliger Bedeutungslosigkeit herab.

Doch nicht genug an der Gesetzeskraft des Alten Testamentes: die Vorsehung führte das junge, gott-trunkene Christentum nach Rom, in die Hauptstadt jenes Reiches, das durch seinen Gesetzessinn, seine Begabung für Zucht und Recht groß geworden war. So ergoß sich die neue Religion als ein Strom des Geheimnisses zwischen zwei starken Uferdämmen, dem jüdischen und römischen Gesetzessinn, um von Anbeginn nicht störend zu überfluten, sondern alles segnend zu befruchten.

Aus der nun geklärten Bedeutung von „Geheimnis" und „Gesetz" ergibt sich deutlich die Gefahr, die der Frau aus ihrer Naturanlage erwächst.

Ist dem Mann das unbedingte Bereitsein für das Ergriffenwerden von Gott durch die hemmenden Verstandesfragen nach dem Was und Wofür und Warum bedeutend erschwert, so ist doch gerade diese Forderung des Verstandes als Grundlage für das notwendige Gleichgewicht in der Spannung von Geheimnis und Gesetz innerhalb der männlichen Persönlichkeit gegeben. Der Mann hat die Uferdämme, Sinn für sachliche Ordnung und maßvolle Begrenzung, naturgegeben in sich. Die Rechenschaft ist ihm das erste, die Hingabe das zweite. Wenn ihn also überhaupt etwas zur unbedingten Hingabe, zum völligen Sichverlieren in einen anderen zu bewegen vermag, so wird es kaum je etwas anderes sein als entfaltete Frömmigkeit, und er wird sich nur an das Höchste hingeben, an Gott.

Die Frau aber, die nicht nach dem Was und Wofür und Warum fragt, wenn sie nur lieben darf, der die Hingabe das erste ist und die Rechenschaft im Taumel des Fühlens nebensächlich erscheint, die gerade dadurch gegen den geheimnisvollen Gott der schweigenden Himmel aufgeschlossener ist und nicht so eingedenk des Gesetzgebers und Richters, entbehrt bei der Unbedingtheit ihrer Lebensfülle der starken, leitenden Uferdämme und ist so ständig in Gefahr, sich zu verwirren, zu verlieren.

Was ihrer Natur zum Schutz gegeben ist, das sind die so unendlich wertvollen Hemmungen des Schamgefühls. Das Schamgefühl an sich aber ist nichts Absolutes, es hat keinen festen Inhalt, sondern sucht erst sich auf etwas zu beziehen. Es ist also die Willensbereitschaft, alles zu vermeiden, was gegen die geltende Sitte verstößt und daher Schande bringen könnte. Erst in seiner Anwendung auf das Sittengesetz wird es zur Schamhaftigkeit, die so stark sein kann, daß sie lieber den Tod wählt, als einer Verletzung der Sitte freiwillig zustimmt. Das Schamgefühl setzt das Bestehen des Sittengesetzes voraus, es erwartet, daß ihm ein objektiver Inhalt gegeben werde. Wie das Schamgefühl zur Schamhaftigkeit, so entwickelt sich das Maßgefühl zur Maßgebundenheit.

Die stärkere Maßgebundenheit des Mannes will bei ihm manchmal als Enge erscheinen, als Unfähigkeit, so lieben zu können wie die Frau; doch sie ist ihm ein ungemein wertvoller Halt. Während die Schamhaftigkeit ihre Formung erst von außen erwartet, begreift die Maßgebundenheit schon das Gesetz in sich.

In der Frau überwiegt die Bereitschaft des unbedingten Gefühls, die nur Gott gelten dürfte, aber durch die Erbsündigkeit der Natur immer in Gefahr ist, dämonisch nach der Seite des Geschöpflichen auszubrechen, es unheilvoll zu überfluten und zu zerstören. Denn Unbedingtheit, die nicht auf Gott bezogen ist, kommt dem Geschöpf nicht zu, da es ja bis ins Letzte hinein durch des Schöpfers Ordnung und Gesetz bestimmt ist.

Der Reichtum der Frau also, die Fülle ihrer Lebendigkeit, die Dynamik ihres Fühlens wäre ihr Verhängnis, wenn nicht die Uferdämme, die ihr selbst nicht zureichend gegeben sind, außer ihr errichtet wären. Die von der zartesten Veranlagung der Frau, dem Schamgefühl, geforderte Ergänzung, die von ihrer unbändigen Lebensfülle geforderte Formung ist maßgebend für ihre Einordnung in die menschliche Gesellschaft im allgemeinen und ihre Zuordnung zur priesterlichen Hierarchie im besonderen.

Gott läßt die Frau, vor allem die mütterliche Frau, innig an den Geheimnissen des von ihm geschaffenen Lebens, den Mann, vor allem den väterlichen Mann, stark an seinem Willen zur Gerechtigkeit teilnehmen. Insofern empfängt die Frau das Maß der von Gott gewollten Ordnung mittelbar durch den Mann und der Mann empfängt die Fülle des von Gott gewirkten Lebens mittelbar durch die Frau. Die Frau wird nur dann zur vollen Harmonie geistigen Wesens gelangen, wenn sie den Reichtum ihres Fühlens in die Ordnung einströmen läßt, die der Mann verwaltet; wenn sie sich nach der Form, nach dem Maß bildet, das der Mann von Gott empfangen hat, wenn sie dem Mann ihrem Herzen Haupt sein läßt.

So erhalten die vielumstrittenen Sätze des Apostels Paulus im ersten Korintherbrief nichts Befremdendes, nichts Beschämendes, nichts Entwürdigendes, nicht bloß Zeitbedingtes, sondern etwas allgemein Gültiges, Notwendiges. „Das Haupt eines jeden Mannes ist Christus, das Haupt der Frau ist der Mann" (1 Kor 11,3). „Der Mann ist Abbild und Glorie (imago et gloria) Gottes, die Frau aber die Glorie (gloria) des Mannes" (ebd. V 7), das heißt, seine Glorie, sein Ruhm ist es, die Fülle des Seins nach jenem Maß zu formen und in jene Ordnung hineinzubilden, die er selbst von Gott empfangen hat. Der Mann ist gesetzgebend, die Frau gesetzempfangend, angefangen von der kleinsten Gemeinschaft, der Familie, bis zur umfassendsten, der heiligen Kirche Gottes, in der dem Mann die höchste Stellvertretung des gesetzgebenden Gottes, die Ausübung des königlichen Priesteramtes, ausschließlich zukommt. Der gottgewollten Formung und Bildung kann die Frau nicht anders teilhaftig werden als in der Anerkennung des Mannes als Haupt.

Was für alle Bereiche des Lebens gilt, das gilt für den Bereich des Gottesdienstes ganz besonders: vermag die Frau, dem hierarchischen Apostolat in der ihr gemäßen Weise angegliedert, im Nichtamtlichen ihr Bestes zu leisten, so würde sie oftmals, infolge der eigensten Gefahren ihrer Natur, im Amtlichen ihr Schlechtestes leisten.

Gerade die stärkere Dynamik ihres Fühlens würde ihr das „Amt" in mancher Hinsicht zur untragbaren Last machen. Auch für den Priester mag es oft harten, leidvollen Zwanges bedürfen, um im erschütternden Augenblick der heiligen Wandlung, hingeneigt über die auf ein Wort aus seinem Mund in die Brotsgestalt einbrechende Gottheit, rücksichtslos gegen alles Hochfluten persönlicher Andacht, in der amtlichen Handlung voranzugehen. Die Frau, der Überwältigung ganz anders preisgegeben, müßte sich an dieser für ihre Natur übermäßigen Beherrschung entweder aufreiben oder abstumpfen; sie müßte sich aus Scheu vor Tränen in Verhärtung flüchten, aus Scheu vor dem Banne des Wunders in leeren Mechanismus.

Ebensowenig scheint sie dafür geschaffen zu sein, die vor allem richterliche – nicht seelenführende (für Seelenführung hat die Frau von ihrer Mütterlichkeit her sowohl Charisma wie Befugnis) – Gewalt im Beichtstuhl ausüben zu können, ohne daran, ihr subjektives Empfinden allzusehr verneinend, Schaden zu nehmen oder, es gelten lassend, Schaden zu stiften.

Infolge eben jenes Hanges zur Maßlosigkeit ist sie gerade von ihrem Fraulichsten her nicht für das „Amt" geeignet. Aber sie will das oft nicht wahrhaben. Immer wieder wird sie versucht, sich ihrer eigensten, in mancher anderen Hinsicht schwereren Sendung zu entziehen und, irregeführt und geblendet, nach den Zeichen der äußeren Macht des „Amtes" zu greifen. Gott kennt diesen ihren Hang und deshalb zieht er ihr im Bezirk des Heiligen deutliche Schranken.

Abgrenzung des Gottesdienstes

Gerade wegen der Gleichwertigkeit der Geschlechter aber ist es dann nötig, die Frau ganz vom Amtlichen auszuschließen und ihr nicht gewisse untere Stufen, wie etwa das Ministrieren beim Gottesdienst, zuzugestehen. Es sollte doch nicht so sein, daß innerhalb der kirchlichen Hierarchie dem Mann alle Stufen bis zur höchsten, der Frau hingegen nur die unteren Stufen vorbehalten sind. Es ist vielleicht nicht zu kühn zu behaupten: sobald die Frau auch nur auf die geringste Funktion im Gottesdienst rechtlichen Anspruch hätte, müßte dieser Anspruch sich fortsetzen bis zum Stuhl Petri hinauf. Die Forderung also, man möge den Frauen wenigstens dieses oder jenes liturgische Ämtlein, diese oder jene hierarchische Weihe zugestehen, damit doch auch irgend ein Glanz des „Offiziellen" auf sie falle, leistet dem weiblichen Geschlecht keinen guten Dienst. Denn Gott hat es nicht mit einem Halben bedacht, nicht mit einem „Wenigstens" oder „Nur", sondern mit einem Ganzen: mit der Hütung und Entfaltung der besonderen Werte des „Nichtamtlichen".

Der ordentliche Weg: Mütterlichkeit

Innerhalb dieses Bereiches gibt es nun, wie bei allem Lebendigen, das es ja aus sich auf Mannigfaltigkeit abgesehen hat, eine unendliche Vielfalt in der Wirkungsmöglichkeit für die Frau. Um so Besseres aber wird sie zweifellos leisten, je mehr sie aus ihrer ganz eigenen Kraft, aus ihrer Mütterlichkeit heraus, handelt und wirkt.

Um das deutlich zu machen, seien aus dem komplexen Begriff des Mütterlichen zwei Komponenten herausgegriffen, die für das Religiöse bedeutsam in Betracht kommen: die Nähe zum Geheimnis und die Berufung zum Dienst.

Gott hat ja der Frau von Anfang an einen heiligen Bezirk abgegrenzt und sie mit einer Kraft erfüllt, die Geheimnis bleibt zwischen ihr und dem Schöpfer; Geheimnis, in das nicht Mann noch Engel dringen können. Hier wohnt sie ganz nahe bei den heimlichen Quellgründen des Seins. Hier erlebt sie ein Leid, das der Mann nie zu erleiden vermag, und eine Freude, die ihm nie zuteil werden kann. Hier besitzt sie eine Weisheit, die er nicht ergründen wird, und trägt eine Sehnsucht, die er nicht kennt. Hier ist sie Priesterin durch eine Weihe, die nicht über sie kommt, sondern die aus ihrem Sein quillt, weil Gott sie zum überströmenden Gefäß seiner eigenen Lebensfülle macht.

Aus dieser Nähe des Geheimnisses nun erwächst ihr die größere Leichtigkeit im Sichergreifenlassen von der göttlichen Gnade. Je getreuer sie ihrer Mutternatur bleibt, desto inniger ist ihr Teilhaben an jenem Unfaßbaren, das dem reflektierenden Verstand unerreichbar bleibt, das über alles Sprechen und Denken hinausgeht, an dem unmittelbaren „Gottes – gewiß – Sein", dem Gottergriffensein und Gottergreifen.

Das aber befähigt die Frau auszuharren, den heiligen Funken göttlichen Geheimnisses zu hüten und lebendig zu erhalten, wenn er zu manchen Zeiten vom kalten Atem des Rationalismus ausgeblasen zu werden droht. Die Tatsache, daß auch heute noch in den Kniebänken der Gotteshäuser, am Kommuniongitter, bei kirchlichen Prozessionen, Wallfahrten, Volksandachten usw. die Frauen so weitaus überwiegen, gibt uns ein lebendiges Bild von dieser wirklich vollbrachten Leistung des Hinüberrettens der Volksfrömmigkeit über den Wüstenstrich materialistischer Weltanschauung.

Der zweite Sonderwert des Mütterlichen, der zumeist ausschlaggebend sein wird für die praktische Teilnahme der Frau an der äußeren „actio", ist ihre Berufung zum Dienst, genauer gefaßt: zum Dienst am Menschen. Jene Frau ist für den Gottesdienst am reichsten begabt, die einen hellen Blick hat für die Nöte der Menschen. „Vom Motiv des Schleiers her eignet der Frau vor allem das Unscheinbare, alles was unter die Bezirke der Liebe, der Güte, des Erbarmens, des Pflegens und Behütens gehört, also das eigentlich Verborgene und zumeist Verratene auf Erden.“[35]).

Maria, die stärkste, reinste Prägung des Frauentums, hat selbst über dem ungeheueren Geschehen der Gottempfängnis nicht den Sinn dafür verloren, daß ihre schwangere Base Elisabeth vermutlich jemanden benötigte, der ihr die Mühen des Haushaltes erleichterte.

Mit der Erwähnung der seligsten Jungfrau – Mutter leuchtet auch die vom persönlichen Dienst geforderte magdliche Haltung auf. „Magdlich“ bedeutet eine Wesensbindung von Reinheit und Demut. Diese magdliche Haltung der Frau muß ja Vorbild sein für die magdliche Haltung der ganzen Menschheit vor Gott.

Da nun die heilige Kirche unmittelbar die Hinführung der Menschheit zu Gott anstrebt, diese Hinführung aber nur in Anerkennung des Dienstes möglich ist, so wird sich die Eingliederung der Frau ins hierarchische Apostolat besonders in Bejahung des Dienstes am Menschen vollziehen müssen, also überwiegend im Ergreifen der praktischen Nächstenliebe und, ob auf diesem oder auf jenem Gebiete, immer auch in Bejahung jener Subordination, die nicht als ein Merkmal der Unmündigkeit, sondern, wie schon ausgeführt wurde, als ein Merkmal des Geistes zu bezeichnen ist.

Der außerordentliche Weg: das „fallweise Einspringen“

Steht einmal diese allein gültige Eingliederung der Frau in freier Unterordnung unverbrüchlich fest, sowohl in die menschliche Gesellschaft im allgemeinen, als ins hierarchische Apostolat im besonderen, dann macht es einen um so gewaltigeren Eindruck, wenn Gott sich Frauen zu Werkzeugen wählt, um die irregehende Autorität des Mannes auf den rechten Weg zurückzubringen. „Was der Welt als schwach gilt, hat Gott auserwählt, um das Starke zu beschämen“ (1 Kor 1,27).

Sigrid Undset leitet ihr Büchlein über die heilige Angela Merici[36]) mit einem Kapitel „Frau und Kultur“ ein, in dem sie ihre bekannte, gutbegründete Überzeugung von der Gleichwertigkeit und Wesensverschiedenheit der Geschlechter darlegt. Zu unserem besonderen Thema sagt sie:

„Nein, eine Frau war niemals Priesterin, niemals empfing eine Frau die Diakonatsweihe, eine Frau kann nicht ministrieren beim heiligen Opfer, aber sie kann aus der Kraft ihres Geistes heraus einen Priester zurechtweisen, der die Würde des Amtes entehrt, selbst wenn er Christi Statthalter sein sollte." Und sie weist im besonderen hin auf die heilige Katharina von Siena und die heilige Birgitta von Schweden.

Es wäre ja vielleicht besser, nicht zu sagen, „aus der Kraft ihres Geistes". Denn der göttliche Geist ist es, der manchmal aus der Schwäche des „gebrechlichen Geschlechtes" wirkungsvoller hervorbricht als aus der massiven Kraft des „starken Geschlechtes". Aber es ist zweifellos richtig, daß die Frau ausnahmsweise mit solchen außergewöhnlichen, gewaltigen Aufgaben betraut sein kann, die sie freilich niemals als einen Triumph, sondern immer als eine wahre Kreuzigung erleben wird, wenn sie im rechten Geist handelt.

Es liegt eine ganz schwer lastende Verantwortung in dieser ihrer Bestimmung, immer dort einzuspringen, wo Männer versagen, immer dort auf der Hut und zum Ausgleich bereit zu sein, wo der Pendel zu stark nach einer Seite ausschwingt.

In der Enzyklika „Casti connubii" spricht der Heilige Vater offen von der Notwendigkeit des Einspringens auch im Rahmen der Ehe: „Wenn der Mann seine Pflicht nicht erfüllt, ist es sogar Aufgabe der Frau, seinen Platz in der Familienleitung zu übernehmen".

Wie weit dieses „Supplieren" auch in weiterem Rahmen nötigenfalls gehen kann, zeigt etwa die Gestalt einer Judith. Sie mußte zum Zweck der Bewahrung des auserwählten Volkes auf den Messias hin die Spindel mit dem Schwert vertauschen und eine blutige Heldentat vollbringen, weil die Männer Israels, mit oder ohne eigene Schuld, versagten.

Ebenso zeigen die Heldentaten der heiligen Johanna von Arc, wie souverän der göttliche Ruf über Hunderttausende von Männern hinweg irgend ein Mädchen für Aufgaben zu erwecken vermag, die ihrem natürlichen Pflichtenkreis sonst ferne liegen oder geradezu widerstreben: für politische und kriegerische Aufgaben, die damals in der Linie der Forderungen göttlicher Gerechtigkeit zutage lagen. Johanna war ja wirklich vom Heiligen Geist berufen zu einer vorerst „rein irdischen, weltlichen Aufgabe: um ein Volk aus unerträglichem politischem Notstand zu befreien, um dem rechtmäßigen König die Krone aufzusetzen, um den Feind hinzujagen – 'bouter dehors les Anglais'"[37]).

Die Kanonisation der Jungfrau mit Panzer und Schwert bezeugt in deutlicher Sprache, daß die Kirche diesen erstaunlichen Einzelfall für eine echte Berufung von Gott her anerkennt.

Dergleichen mehr oder weniger blutige Gewaltstreiche werden ja heute von den Frauen gerade nicht verlangt; aber immerhin müssen sie Pionierdienste leisten, zu denen sie ihrer Natur nach eigentlich nicht unmittelbar berufen sind, sondern nur kraft der potentia oboedientialis, die sie dem gebieterischen Anruf Gottes, einer gegebenen Notlage Rechnung zu tragen, folgen läßt.

Niemals aber darf die Frau ein Versagen des Mannes in der Führung kritisch aburteilen, so als trüge sie daran keine Schuld oder als hätte sie es gar an seiner Stelle besser gemacht. Sie soll vielmehr an hand einer klaren Erkenntnis ihrer eigensten Berufung die volle Wucht der Verantwortung spüren als einer Mitverantwortung, die beinahe Grundverantwortung genannt werden kann. Wo aber Verantwortung in solchem Maß gegeben ist, da kann von Herabsetzung, von Entwürdigung nicht mehr die Rede sein. Entwürdigt ist nur, wer sich der Verantwortung entzieht oder sich ihrer entheben läßt. Durch nichts kann eine gekränkte Würde des Frauengeschlechtes so geheilt werden, als durch die volle Übernahme dieser ungeheueren Verantwortung für den Mann und damit für die ganze Menschheit.

Elastische Schranken

Vielleicht ist es um dieses fallweise nötigen Einspringens willen, daß die Ausschließung der Frau von allen priesterlichen Funktionen nicht durch ein ausdrückliches Dogma festgelegt ist. Tatsächlich haben sich im Lauf der Jahrhunderte die Schranken nicht als starr, sondern vielmehr als elastisch erwiesen; und wenn überraschende Beweise der Emanzipation auf kirchlichem Boden zutage treten, etwa in Form von weitgehender kirchlicher Jurisdiktionsgewalt der Äbtissinnen, von Zulassung der Frauen zum Austeilen der heiligen Kommunion an ihre Geschlechtsgenossinnen, Überbringung der Wegzehrung an Kranke, oder gar in Form einer Art von Diakonatsweihe, die der Frau gespendet wurde, so erscheint das nur als eine Bestätigung jener Forderung nach fallweisem Vortreten, wo die Not es gebietet. Diese Not kann mit oder auch ohne Verschulden des Mannes entstanden sein.

In gewissen Fällen ließen vielleicht auch die kirchlichen Behörden hier und dort aus Nachsicht oder Unachtsamkeit kleine Einschleichungen zu, deren sich die religiöse Frau in ihrem begreiflichen Verlangen, dem Heiligsten so nahe wie nur möglich zu sein, schuldig gemacht hatte. Wenn sich ihr etwa bei Priestermangel die Möglichkeit auftat, das Allerheiligste über Land zu einem Kranken zu tragen – welches Andachtserlebnis! – so ließ sie sich gewiß nicht zweimal bitten, sondern kam eher mit der List ihrer Liebe der noch zögernden Entscheidung zuvor. Es mußte dann gelegentlich ein Korrektiv angewandt werden, um allzu leicht sich bildende Gebräuche wieder auszumerzen. Als ein solches Korrektiv ist vermutlich auch die Anordnung des Papstes Soter zu verstehen, „...daß die geweihten Jungfrauen weder die heiligen Gefäße berühren, noch den Weihrauchdienst in der Kirche versehen dürften"[38]). Offenbar hatten sich da Bräuche herausgebildet, die eines Tages als Mißbräuche erkannt und abgestellt wurden. Gerade die Sicherheit, mit der die vom Heiligen Geist geleitete Kirche immer wieder auf die rechte Linie zurückkommt, so daß die kleinen gelegentlichen Grenzüberschreitungen niemals zu voller Usurpation auswachsen können, sprechen für die Eindeutigkeit der göttlichen Absicht hinsichtlich der Aufgaben der Frau. Jeder lebensfähige Keim kommt im Schoß der Mutter Kirche zu rechter Entfaltung; so würde auch das Amtspriestertum für die Frau nicht verkümmern, wenn es im Heilsplan Gottes vorgesehen wäre.

Die priesterliche Frau unserer Zeit: ihre Sendung in der Kirche

Das nächste Ziel

Nun zurück zur Situation der Gegenwart: die Frau hält zweifellos im Laienapostolat die vorderste Front.

Zum Teil kann diese Tatsache damit erklärt werden, daß die religiös wirklich ergriffenen Männer eben Priester werden und dann in der Schar der Laien fehlen. Aber schließlich tritt ja auch eine Anzahl der besten Frauen in geschlossene Orden ein, die fehlt dann ebenfalls in den sichtbaren Reihen. Auch kann ein Mann zweifellos tief religiös und doch nicht zum Priester berufen sein. Daß die Männer über weniger freie Zeit verfügen, ist eine unzureichende Erklärung; wenn einer wirklich für das Reich Gottes arbeiten will, so findet er auch die Zeit dazu. Apostolat läßt sich immer organisch und daher wenig zeitraubend mit Berufsarbeit vereinen.

Es scheint daher fraglos das nächste Ziel dieser zumeist von Frauen geleisteten Missionsarbeit zu sein, daß sie die männlichen Laien in weitestem Ausmaße an ihre kirchlichen Aufgaben heranbringen. In ihrer Vorhutstellung ist die Frau vielfach nur Platzhalterin und sie soll sich auch als solche wissen und geben.

Die Frau in der liturgischen Bewegung

Besonders deutlich wird diese Feststellung durch die Rolle, die die Frau in der liturgischen Bewegung innehatte. Zweifellos ist die Frau zur Trägerin gerade dieser Bewegung in mehrfacher Hinsicht besonders prädestiniert: einmal durch ihre Nähe zum Mysterium; dann durch ihren Sinn für jedes junge, werdende Leben, auch im Geistigen; dann durch ihre Freude daran, daß sie im Rahmen dieser Bewegung nun doch irgendwie zum heimlich ersehnten „Ministrieren" kommt, wenigstens zum Respondieren auf die Gebete des Priesters; dann eben durch ihre Aufgabe, dort wach zu sein, wo der Mann schläft: „Ihre Lampe verlöscht nicht während der Nacht" (Spr 31,18). Dann aber auch durch ihre gemeinschaftsbildende Kraft, die sie aus ihrer Mütterlichkeit hat. Die Frau ist gemeinschaftsbildend und gemeinschaftshütend, und zwar viel mehr als der Einzelgänger Mann.

So ist sie von göttlicher Hand dazu vorgebildet, der neuen Sichtbarmachung der Gemeinschaft des mystischen Leibes Christi ihre lebendige und lebenmehrende Kraft zu leihen. Aber – und das darf nicht übersehen werden – zur Vollendung, zum durchschlagenden Sieg kann die liturgische Bewegung letzten Endes doch nur durch ihre „Vermännlichung" kommen, durch das Aufstehen des Klerus und der männlichen Laienwelt, durch das männliche Bekenntnis zur Gemeinschaft, durch das einmütige Sichscharen der Männer um den Opferaltar, durch die Ausprägung echt männlicher Formen für den Gemeinschaftsgottesdienst, die er bis nun infolge des Überwiegens des weiblichen Elementes noch nicht durchweg hat. Dann erst, wenn es so weit ist, kann man sagen, die Welt sei, mit Hilfe der weiblichen Jugend, liturgisch gemacht.

An die Frau aber mag dann eine ganz neue Forderung herantreten, nämlich im Interesse der ihr so am Herzen liegenden Gemeinschaft allmählich eine ausgleichende Gegenbewegung vorzunehmen. Damit ja nicht, durch ein neues Überschwingen des Pendelschlages, die wirklich gemeinschaftsbildende Kraft des Corpus Christi mysticum auf eine andere Weise unterstützt und dadurch nicht voll erschlossen werde. Kein Hang des Menschen ist so unheilvoll für seine geistigen Reichtümer als der Hang zur Veräußerlichung: ehe man sich dessen versieht, mag auch im Rahmen der liturgischen Bewegung „Gemeinschaft" gleichgesetzt werden mit einer sichtbaren Schar, mit Chorgesang, Chorgebet, gleichzeitigem Stehen und Knien... All dies ist gewiß gemeinschaftsgemäß und wo Gemeinschaft geweckt und erhalten werden soll, ist es nötig, die Form zu betonen. Doch die gemeinschaftsbildende Kraft des Corpus Christi mysticum geht weit darüber hinaus. jeder äußerlich Gesonderte, jeder Kranke, Gefangene oder sonst räumlich Abgetrennte ist mit eingeschlossen, wenn er nur das innere Leben hat. Und ist einmal die rechte Grundhaltung da, die freilich beim Volk erst durch die liturgische Bewegung geschaffen werden muß, dann wird aber auch jedes heimliche Vaterunser in die Gemeinschaft hineingebet sein, das heißt, dann gibt es überhaupt kein privates Beten mehr. Nicht nur jeder liturgische Akt, sondern auch jede „fromme Erhebung des Geistes zu Gott" geschieht „nomine Christi et nomine ecclesiae" – im Namen Christi und im Namen der Kirche.

Gefühlsfrömmigkeit

Was hat es denn überhaupt mit diesem schwer verdächtigen „Gefühl" der Frau auf sich? – Zunächst sei festgestellt, daß „Gefühl" nicht gleichzustellen ist mit jenem „Schwelgen", das stets eine unreine Note in sich trägt, auch im Religiösen. „Fühlen" hat Raum in der echten, reinen Frömmigkeit, „Schwelgen" indessen nicht: Gottesliebe ist kein sinnlicher Akt.

Die heilige Theresia von Jesus, in der wahrhaft eine volle Frauennatur zur höchsten Heiligkeit gediehen ist, hat alle Läuterungen der sinnlichen und geistigen Sphäre mit ungewöhnlicher Härte durchgelitten und war während dieser Reifezeit von mehr als fünfzehn Jahren fromm – mit welcher Wirkkraft! – ohne den leisesten „Genuß", auch nicht geistiger Art, ja, ohne das Spüren des geringsten Trostes. Wäre nun frauliche Frömmigkeit identisch mit Gefühlsseligkeit, so müßte sie auf so klarer, kalter, unerbittlich den „Genuß" zerstörender Geisteshöhe kläglich zerbrechen. Doch siehe, jenseits des Genusses blüht sie auf zum reinsten Glanz der Heiligkeit und der heilige Johannes vom Kreuz mit seiner strengen Regel: „Suche in nichts Genuß!" verdankt der hochbegnadeten Zeitgenossin wohl ebensoviel wie sie ihm verdankt. Theresia aber hatte und hat auch heute unzählige Schwestern im Geist!

Freilich geht Theresia völlig auf in der Sorge um die Liebeseinigung mit dem göttlichen Geliebten. Wir finden sie nicht, wie etwa Augustinus und Thomas, in gewaltigem Ringen um die letzte Wahrheit bei Gott. – Es war in früheren Kapiteln von der Sorge der Frau die Rede, von ihrer tragenden Funktion, die sie verantwortlich macht über das Ich hinaus auch für die Person des Mannes. Sie ist das fundierende Da-Sein, der Mann das abgipfelnde So-Sein. Wenn die Frau sich nun um ihre Gotteinigung sorgt, dann sorgt sie um der anderen willen; denn sie ist zutiefst Mutter. Eine geschlossene Beschränkung auf das eigene Ich, wie beim Mann, ist bei ihr, solange sie ihrem weiblichen Wesen treu bleibt, überhaupt nicht möglich. Wenn sie Gott als die Heimat und das Ziel der Liebe sucht, dann nimmt sie dem Mann einen Teil dieses wurzelhaften Einsenkens alles Fühlens und Sehnens in den Ewigen Geliebten ab, bereitet es ihm vor, so daß er frei ist, sein Denken zu entfalten und sich um die Wahrheit zu mühen. Wird nicht gerade Augustinus von Monika getragen? Und hat nicht gerade Theresia aus eminent apostolischem Geist all ihr Beten, Leiden, Opfern bewußt in den Gnadenschatz der Kirche hinein gebetet, gelitten, geopfert, für die äußere Aufgabe im Gottesreich, die von Männern zu leisten ist? Nirgends finden wir ihre Sorge auf die eigene Seele, geschweige denn auf den Gefühlsgenuß der eigenen Seele beschränkt. Vielleicht ist deshalb das Ich-Gebet der Frau immer reicher als das des Mannes, weil sie gar nie mit so absoluter Einschränkung „Ich" sagen kann; es ist immer ein geliebtes Leben mitgemeint. Wenn also die Frau wirklich durch Jahrzehnte im Ich - Gebet versunken erschien, wozu ihr freudiges Aufnehmen der liturgischen Wir - Texte nun ein gesundes Gegenspiel bedeuten würde, so handelt es sich in diesem Ich - Gebet um einen Subjektivismus ganz eigener Art, der Gott und die Gemeinschaft lebensverbunden umschließt.

Diese Lebensverbundenheit der wahrhaft religiösen Frau ist so stark, daß ihr ein äußeres Abgedrängtwerden aus der Mitte sichtbarer Gemeinde, um nahe am Altar der heiligen Geheimnisse Raum für die Männer zu schaffen, gewiß nicht schaden würde. Die körperliche Nähe ist ihr nicht wesentlich und das Gesehenwerden trennt sie fast vom Geheimnis. Denn der Schleier, der in der Urkirche das Haupt der Frau verhüllte und es auch weiter ideell verhüllen soll, bedeutet nicht Trennung vom Mysterium, sondern, im Gegenteil, besondere Einbeziehung.

In der Tiefe des heiligen Opfers aber lebt doch, je tiefer, desto ausschließlicher, nichts als Gottes unendliche Liebe. Ja, jene Liebe, der unser Geist allein nicht Antwort geben kann, die vom Herzen aufgenommen werden muß, dem Organ des Fühlens. – Hier rühren wir an den Kernpunkt männlicher Tragik, die ein Priester mit dem erschütternden Bekenntnis aufzudekken suchte: „Gott gilt dem Mann mehr als Sache denn als Person. Je stärker die Formen der Gottesverehrung auf die persönlichen Beziehungen, auf die Liebe, abgestimmt sind, desto heftiger regt sich im Mann die innere Ablehnung". – Bleibt der Mann dieser Hemmung seiner Natur gegen das „Gefühl" ohne Ausgleich überlassen, dann kann es sein, daß er zu Formulierungen kommt wie dieser: „Frömmigkeit ist nichts anders als Höflichkeit gegen Gott".

Nein, Frömmigkeit ist, wohl für Mann und Frau, unendlich mehr: sie ist gnadenhafte Geistesgabe, die den Menschen immer tiefer christusförmig machen soll. Denn Er ist es, der als reinstes Ideal der Frömmigkeit vor jeder Seele leuchtet, ob männlich oder fraulich, Er, der Gottmensch, Christus, unser Herr! Seine Frömmigkeit ist unser aller Vorbild! Wir sollen als

Kinder fromm zum himmlischen Vater stehen, wie Er als eingeborener Sohn zu Ihm steht. Solches Kindesverhältnis läßt sich auch nicht annähernd in den Begriff der Höflichkeit fassen.

Um aber richtig zum Vater zu stehen, müssen wir christusinnig werden. Können wir nun an der Krippe den Heiland grüßen, können wir zu Gethsemani sein Todesstöhnen hören, können wir uns vom Kreuz herab mit seinem Blut überströmen lassen und in bloßer Höflichkeit verharren? Wird nicht einmal die Glut des Pfingstgeistes solch enge Grenzen sprengen? Sie waren wie voll süßen Weines, nicht die Frauen, die Männer des Pfingstfestes! Und es gibt keinen Heiligen, wäre es der männlichste, der nicht Zeichen dieses Überschwanges zeigte, dieser Trunkenheit des Fühlens! Welche Gefühlsdynamik in Petrus, welche Gefühlsinnigkeit in Johannes! Sie alle haben zu jauchzen und zu weinen gewußt, man müßte einen nach dem anderen nennen, bis in unsere nüchternen Tage hinein, die in Wahrheit gar nicht so nüchtern sind! Pfingstgeist glutet neu über uns! Und, weiß Gott, daß wir seiner bedürfen, um der „Affektfront" der Gottlosen die „Affektfront" des Christentums gegenüberzustellen. Mit „Überzeugung" und „Höflichkeit" allein – gut bürgerlich – wird der Ansturm nicht aufzuhalten sein.

Greifen wir nur wenige Zeugen männlicher Gemütskraft heraus: etwa Petrus Chrysologus, dem in der Predigt die Stimme versagte vor Gewalt des Fühlens; Johannes vom Kreuz, dem die Liebe als sichtbares Licht aus dem Körper brach, wie vielen seiner Brüder; Ignatius, den Offizier, dem die Tränen so überreich flossen! Diese wenigen Beispiele, aus einer Fülle gewählt, mögen anregen, sich umzusehen nach dem „Gefühl" in der männlichen Heiligkeit; jäh flammt einem aus diesen herben Seelen das heilige Wunder entgegen: Liebe!

Wie sollte es auch anders sein? „Du sollst den Herrn, deinen Gott, lieben mit deinem ganzen Herzen, mit deiner ganzen Seele und mit deinem ganzen Gemüt. Das ist das erste und wichtigste Gebot" (Mk 22,37-38). Es gibt keine Frömmigkeit außer der Liebe oder unter der Liebe oder neben der Liebe. Für die Liebe aber, diesen Einstrom göttlicher Unendlichkeit, ist „Höflichkeit" kein Fassungsraum.

Einstrom göttlicher Unendlichkeit: vielleicht liegt hier die Wurzel manchen Mißverstehens. Wir sind uns zu wenig der Gnade bewußt. Gewiß: die Frau kann nur fromm sein nach ihrer Natur und der Mann nach der seinen. Es ist eine armselige Natur, die eine wie die andere, wenn nicht ein Strahl von Übernatur hereinbricht, sie zu erheben und zu verklären. Der aber bricht tatsächlich herein, denn Frömmigkeit ist ja eine Gabe des Heiligen Geistes!

Wo aber Gnade, das Unfaßbare, am Werk ist, da hat es keinen Sinn mehr, zu messen und zu wägen, ob „männliche Frömmigkeit" etwa höher stehe als „frauliche Frömmigkeit". In der Frömmigkeit fällt der Begriff des „Höher-stehens" gewiß nicht mit dem Begriff des „Wertvolleren" zusammen. Ist Gott, der uns ganz umschließt, nicht in der Tiefe so gut wie in der Höhe?... „Jesus rief sie darum zu sich und sprach: 'Ihr wißt, die Fürsten der Völker gebieten über ihre Untertanen, und die Großen üben Gewalt über sie aus. Unter euch soll es nicht so sein; wer vielmehr unter euch groß sein will, der sei euer Knecht. Auch der Menschensohn ist nicht gekommen, sich be-dienen zu lassen, sondern zu dienen'" (Mt 20,25f.) „Zu Hause fragte er sie: 'Wovon habt ihr unterwegs gesprochen?' Sie schwiegen, denn sie hatten unterwegs miteinander darüber gestritten, wer unter ihnen der Größte sei. Er setzte sich nieder, rief die Zwölf herbei und sprach zu ihnen: 'Wer der Erste sein will, soll der Letzte von allen und der Diener aller sein'" (Mt 9,33-35).

Dieses klare Gotteswort soll uns nicht vergeblich gesprochen sein. Wir wollen nicht neuerdings dem Irrtum der Jünger verfallen und streiten, welche Frömmigkeit wertvoller sei. Wir dürfen uns aber wohl als Frauen des Vorzugs bewußt werden, der in dieser Sicht mit der Zuweisung der untergeordneten Dienste, der unscheinbaren Kleinarbeit unter Führung des Mannes gegeben ist. Dieser Vorzug ist um so bedeutsamer, als die Unterordnung der erbsündig verwundeten Frau unter den erbsündig verwundeten Mann auch im Bezirk des Heiligen ihren Charakter als Strafsanktion nie ganz verliert. Es braucht auch da eine Flut von Liebe und Gnade, um so mancherlei Versuchung zur Aufkündigung des Dienstes, zum Anstreben der ehrenvolleren Aufgaben, zu überwinden. Mag auch der Wille der Frau von Natur aus auf Magdtum gerichtet sein, die tatsächliche Unterwerfung ist ihr keineswegs angenehm und wenn der Heilige Geist nicht seine umwandelnde Heiligungskraft in ihr auswirkt, so wird sie sich nicht zu ihren „undankbaren" Aufgaben bekennen. Kraft des Heiligen Geistes allein vermag sie es und muß es vermögen; aber es ist eine Leistung rein aus Gnade unter oft recht mühsamer Mitwirkung der fraulichen Natur. Der wahre Wert der Frömmigkeit liegt dann jenseits aller geschlechtlichen Verschiedenheit in der Gottinnigkeit. Deren ins feinste abgestufter Grad bleibt Geheimnis zwischen Gott und Seele bis das Jüngste Gericht ihn offenbaren wird.

In gleicher Weise fehlt uns das Urteil darüber, ob der Mann oder die Frau mehr Tapferkeit im Zeugnisgeben für den Glauben beweise. Die Kraft zum Martyrium wirkt Christus auf Grund der freien Gnadenwahl in den Seelen. Er ist die fortitudo martyrum – die Stärke der Märtyrer. Zweifellos liegt über dem Martyrium der größte Glanz, bei dem die natürlichen Voraussetzungen zum Ertragen der Pein am meisten fehlen. Deshalb jubelt die Kirche so eigens am Tag des Heldensieges ihrer heiligen Jungfrauen: Agnes, Lucia, Cäcilia, Agatha, Ursula und ihrer unzähligen Gefährtinnen. Abgesehen von der Wehrlosigkeit und Schmerzempfindlichkeit so zarter Naturen fällt auch das doppelte „Risiko" dieser Märtyrinnen ins Gewicht: sie riskierten nicht nur ihr Leben, sondern, was noch viel höher steht, ihre Reinheit. Schändung ist schlimmer als Tod. Nur ein ungeheures Gottvertrauen konnte sie zu einem Bekenntnis stärken, das zunächst nicht ihr Leben, sondern ihre Unberührtheit gefährdete. Gerade ihr unerschütterlicher Kampfeswille um dieses Gut reizte die Wut des feindlichen Mannes, so daß er jeder Schonung, die er sonst vielleicht Wehrlosen zugestanden hätte, vergaß: der römische Beamte, der über die herrliche Freiheit der in Christus Jungfräulichen in hellen Zorn geriet, ganz so wie der Gottlose unserer Tage, der schon bewiesen hat, daß er wohl fähig ist, aus wildem Gotteshaß Nonnen zu martern.

Ein Blick auf die „Königin der Martyrer", Maria unter dem Kreuz, und auf die strahlende Schar ihrer lieblichsten Töchter mit der zweifachen Palme, der Zeugenschaft und der Jungfräulichkeit, vergegenwärtigt so recht die herrliche Gottunmittelbarkeit auch des „schwachen Geschlechtes", die nicht immer ganz unangefochten bleibt. Demgegenüber sei hier mit allem Nachdruck festgestellt: die Frau bedarf – nirgends lehrt die Dogmatik das Gegenteil – keiner anderen Mittlerschaft durch den Priester als auch der männliche Laie ihrer bedarf. Wird der Mann im Sakrament der Ehe zum „Priester der Frau" geweiht, so auch sie zur „Priesterin des Mannes"; denn sie sollen einander gegenseitig zur Heiligung helfen. In der Teilnahme des Laien am besonderen Mittlertum des amtlichen Priesters steht der Mann um seiner Männlichkeit willen Gott nicht näher als die Frau. Es wäre auch in der Tat schlimm bestellt, sowohl um die Ehelose wie um die Verheiratete, wenn sie zu ihrem Heil der Gnadenmittlung nicht nur des Priesters sondern auch des Ehemannes bedürfte. Wieviel warmer Glaube wäre unter dem kalten Anhauch männlichen Verstandes erfroren! Das Eis der Gottentfremdung zöge sich wohl schon fast um die ganze Welt.

Aus der vollen Gegenseitigkeit ehelicher Gnadenvermittlung ergibt sich freilich auch, daß die Frau sich nicht auf den Mann ausreden darf. Eher darf sich der Mann auf die Frau ausreden und er tut es auch; er hat es schon im Paradies getan: „Die Frau, die du mir gegeben hast, die gab mir von dem Baum und so aß ich" (Gen 3,12). Die Ausrede ist ein bißchen „faul", denn sie verleugnet den Adel seiner Freiheit gegenüber der Verführung; doch sie ist richtig zugleich, denn Eva hat Adam verführt und Gott nimmt auch seine Ausrede an, um sich der Frau zuzuwenden, die sich nun ihrerseits auf die Verführung durch die Schlange auszureden vermag.

Die erbsündige Natur spiegelt stets aufs neue die unseligen Vorgänge jenes Falles wider: Versuchung, Empörung, Schuld aneinander, Naturverderbnis, Ausreden aufeinander, die „faul" sind und wahr zugleich. – Auch den Anklagen, die männlicherseits manchmal gegen frauliche Frömmigkeit geführt werden, muß ein wahrer Kern zugrunde liegen. Wenn auch entschieden dagegen Einspruch zu erheben ist, daß sich die Andacht der Frau in Gefühlsseligkeit, ja, in Gefühlsschwelgerei vollende und erschöpfe, so liegt doch offenbar hier eine drohende Gefahr verborgen.

Was ist denn im Grunde um dieses so vielfach mißdeutete und verlästerte „Gefühl"? Ist es nicht schließlich eine Gottesgabe, eine wertvolle Seelenkraft, die wie nichts anderes von der Natur her das Geschöpf dem Schöpfer zu verbinden vermag, das Kind dem Vater? Haben wir nicht das Gefühl erkannt als Empfangs- und Sendestation des einen Notwendigen, in dem alles beschlossen ist, der Liebe? Haben wir nicht bei den Heiligen Gefühlsüberschwang festgestellt und als mitreißend empfunden? Wir können überdies so manche Zeremonie der heiligen Liturgie nicht anders deuten denn als Ausdruck eines überströmenden Gefühls: den Altarkuß, das Breiten der Arme, sowohl zu Gott als auch zu den Gläubigen hin, das Schlagen an die Brust.

Das Fühlen hat seine Gefahr, wie das Denken seine Gefahr hat. Im Augenblick, wo es nicht mehr als Kraft zu Gott hin wirksam ist, sondern, absolut gesetzt, der Befriedigung selbstsüchtigen Genießens dient, wird es zum Werkzeug Satans.

Nicht nur ein Fehler, das wäre viel zu schwach ausgedrückt, vielmehr ein Laster oder ein Verbrechen ist das unverbindliche Gefühl im Religiösen. Das aber ist die Gefahr der Frau, so wie unverbindliches Denken die Gefahr des Mannes ist. Wenn die Frau sich etwa der frommen Stimmung einer Segensandacht genießend hingibt und schon am Heimweg die Nachbarin lästert oder nicht die leiseste Verletzung ihres Selbstgefühls ertragen will, so hat sie ein Verbrechen an der Frömmigkeit begangen, dessen Tragweite auf schwankende Gemüter, denen die Frömmigkeit „verekelt" werden kann, gar nicht abzuschätzen ist. Sie bringt beim unreifen Beobachter den Gesamtbegriff fraulicher Frömmigkeit und vielleicht der Frömmigkeit überhaupt in den Verdacht bloßer Gefühlsschwelgerei und damit in einen ganz schlimmen Verruf. Solche Frauen haben es zu verantworten, wenn der ganze heilige Bezirk der Frömmigkeit, sehr zum Schaden der Frau und des Mannes, zur unverbindlichen sinnenverhafteten Angelegenheit genußsüchtiger, pharisäischer Gemüter herabgewürdigt erscheint und in Reaktion darauf zur bloßen „Höflichkeit gegen Gott" verkümmert.

Nicht das Gemüt an sich ist zu verwerfen. O nein; wir bekennen uns mit Dank und Freude zu diesem Reichtum aus Gottes Schöpferhand. Wir wollen es pflegen und stärken, um es kraft unseres verborgenen Priestertums als heilige Kraft in die kalte, lieblose, wärmeverlangende Welt zu wirken. Wir wollen es der Gnade darbieten, um gerade durch die Gottergriffenheit unseres Gemütes wurzelhaft und leidenschaftlich gute Menschen zu werden. Dazu aber muß alles, was uns durchwogt und bewegt, bis ins die kleinste Regung, den Charakter des verpflichtenden Gefühls tragen, verpflichtend bis ins geringfügigste Wort, bis in den Schatten eines Gedankens hinein, der auch von der Liebe geprägt sein muß. Denn das Gefühl ist um der Liebe und nicht um des Genießens willen da. Den Genuß schenkt Gott in seiner unendlichen Güte dazu, wann Er will.

Da nun „verpflichtendes Gefühl" eigentlich etwas ganz Strenges, Herbes, Heldisches ist, mag es zweifellos auch Sache des frommen Mannes sein, es zu entfalten und zu pflegen. Die Frau aber muß es, besonders als Mutter heranreifender Söhne, vorweg beispielhaft verwirklichen: streng und gütig zugleich. Dadurch leistet sie der Menschheit einen ganz wertvollen Dienst im Rahmen ihres nichtamtlichen verborgenen Priestertums.

Hören wir etwa den Satz: „Die Welt muß am Mann gesunden", so stimmen wir aus ganzer Seele bei und fügen in der Stille mit allem Ernst wirklicher Verantwortung hinzu: Und der Mann an der Frau, auch in seiner Frömmigkeit – und da besonders. Si vir non cecidit, nisi per feminam, non erigitur, nisi per feminam – Der Mann fällt nicht, außer durch die Frau; er wird nicht aufgerichtet, außer durch die Frau (hl. Bernhard).

Wir lehnen jede „Galanterie" des Mannes ab, die uns irgend eine Grundverantwortung abnehmen möchte. Gegen Gottes Schöpfungsplan kann sie uns auch gar nicht abgenommen werden und, insofern wir unverkümmert Frau sind, wollen wir sie uns auch nicht abnehmen lassen; denn durch die Liebe ist uns die Last, bei all ihrer Schwere, doch eine selige Last. Sie ist auch eine heilsame Last; denn alle Pläne Gottes und all seine Strafen sind zutiefst heilsam.

Es geht auch nicht an, die Frau wohl in den Dienst gebeugt sehen zu wollen, ihr aber die tragende Kraft abzusprechen. Was soll der Dienst, wenn er nicht trägt?

Zweifellos kommt auch in der Frömmigkeit der Frau die Rolle des Fundamentes zu. Grundsteine aber dürfen nicht quallig sein. Deshalb sei die Frau auf der

Hut vor jeder Entnervung! Die Frauennatur hat, bei aller mütterlichen Weisheit, dennoch die Fähigkeit, sich gnadenhaft härten zu lassen; daran hindert die Kraft des Fühlens keineswegs, im Gegenteil, nichts härtet so wie die strenge Forderung nach verpflichtendem Gefühl. Desto besser wird die Frau solcher Forderung genügen, je mehr sie sich der Einen nachzuformen trachtet, der Gnadenvollen, der Ewigen Frau: Maria. In ihr hat sich die reine Kraft des Fühlens vom Freudenjubel des Magnifikat bis zum schweigenden Stehen unter dem Kreuz in echt weiblicher Prägung zur klarsten Gottverherrlichung entfaltet.

Wenn wir Frauen uns manchmal mißverstanden sehen, sogar von Priesterseite, so nehmen wir es nicht zu schwer: Oportet et haereses esse: es muß nicht nur Parteiungen, es muß auch Mißverständnisse geben, um zu klären und zu kräftigen. Lernen wir, sie als heilsame Mahnungen der Vorsehung zu steter Achtsamkeit und zur Besinnung auf das Wesentliche zu begreifen.

Frauliche Art

Das fruchtbare Erdreich für die apostolische Kraft der Frau ist vor allem das Geheimnis Gottes, zu dem schon ihre Natur hindrängt, damit sich ihre Übernatur kraft der Gnade ganz darin verzweigen möge. Je inniger sie mit diesem heimlichen Dunkel verwächst – das geht nur langsam, wie auch die Wurzeln eines Baumes nur langsam in die Erde vordringen –, desto mehr Kraft wird sie für ihr Sein gewinnen. Denn darauf kommt es für sie an: auf das klare, stille, gottverwurzelte Sein. Nicht auf das Handeln, nicht auf das Rufen, nicht auf das Fahnenschwingen. Auf das Sein. Das ergibt sich schon aus jenem eigentlichsten Beruf, der sie zur Gefährtin Marias macht: aus dem Mutterberuf. Er ist darauf angelegt, die Frau zum lebendigen Gefäß lebendigen Seins zu gestalten. In ihr soll sich neues Sein leiblich und geistig in solcher Fülle sammeln, daß es überströme, das Leben im Diesseits und Jenseits zu mehren. So muß sie immerdar, in jedem Stand und Beruf, Mutter sein, das heißt von jenem geistigen „Sein" überfließen, das sie durch Gebet und Eucharistie aus den Tiefen der Gottheit schöpft. Dann wird die Gerechtigkeit des Hauptes in ihr wurzeln können, wie die Gerechtigkeit Josephs im heiligen Muttersein Mariens. Dann wird auch das „Handeln" des Hauptes ihr jene Leitung und jenen Schutz gewähren, deren sie im Grunde so sehr bedarf.

Ist diese am göttlichen Gedanken durchgeformte Grundhaltung gegeben, so wird die Arbeitsmethode des weiblichen Apostels gewiß nicht jener gnadenhaften Klugheit entbehren, wie sie etwa die Samariterin am Jakobsbrunnen (Joh 4,5-42) in so hohem Maß besaß. Das Beispiel dieser „ersten Missionarin und Seelsorgehelferin"[39]) müßte jeder ihrer neuzeitlichen Schwestern in besonderer Weise vertraut sein.

Die Berufung dieser Samariterin zum Apostel ihrer Heimatstadt war eine ganz unerhörte Heilandstat: Jesus, von der gegebenen Situation, dem Wasserschöpfen, ausgehend, schließt mit ein paar Griffen die Seele dieser Frau auf und begnadet sie dann mit seiner ganz klaren Selbstoffenbarung als Messias: „Ich, der ich mit dir rede, bin es".

Daß die so Angeredete im Augenblick vom heiligen Glauben ergriffen und von der Wahrheit überzeugt war, durch und durch, kann nicht zweifelhaft sein. Gleich flammt echter Apostelgeist in ihr hoch, der danach brennt, das herrliche Geschenk mit anderen zu teilen. Sie läuft in ihre Stadt, den Messias zu künden. Wie aber fängt sie es an? Kommt sie mit einer fertigen Lehre? Doziert sie? Behauptet sie?...Nein; nichts dergleichen. Hätte sie gesagt: „Der Messias sitzt am Rande unseres Brunnens, ich selbst habe mit ihm geredet!" – so hätten die Männer gelacht oder gescholten, aber ihr ganz gewiß nicht geglaubt; wie sie ja auch Maria Magdalena und den andern Frauen das Wort nicht glaubten: „Wir haben den Auferstandenen gesehen." – Deshalb verbirgt die Samariterin ihre Christuspredigt in eine bescheidene Frage: „Kommt, seht einen Mann, der mir alles gesagt hat, was ich getan habe. Sollte der wohl der Messias sein?

Sie steht vor den Männern wie eine, die sich belehren lassen will, weil sie ihrem eigenen Urteil nicht traut. Das war wohl die richtige Form.

Nun gehen die Männer mit ihr zum Brunnen und kommen aus eigener Anschauung zu der Entscheidung: „Es ist der Messias!"

Viele Samariter aus jener Stadt, so berichtet Johannes, glaubten an ihn, weil die Frau ihnen versicherte: „Er hat mir alles gesagt, was ich getan habe". Wie großen Wert aber die Männer darauf legten, aus sich selbst geurteilt zu haben und nicht bloß von der Frau belehrt worden zu sein, das geht aus der Feststellung hervor, die sie nach den zwei Gnadentagen mit solchem Nachdruck machten, daß der Evangelist sich bewogen fand, sie aufzuzeichnen: „Nun glauben wir nicht mehr auf deine Aussage hin, denn wir haben ihn selbst gehört und wissen: dieser ist wahrhaft der Heiland der Welt."

Darin liegt eine Spitze gegen ihre Missionarin; das Schönste aber ist nun, daß diese nicht widerspricht. Sie hätte so leicht ein Wörtlein finden können: „Ja, aber wenn nicht ich zuerst..." Doch, Gott sei Dank, sie schweigt. Es geht ihr nicht ums letzte Wort. Sie hat ihr Ziel erreicht, sie hat die Stadt dem Messias gewonnen; was liegt ihr nun an einer „Anerkennung" von seiten der Bekehrten? Sie hat die gesegnete Art der „Stillen", die der Frau so ungleich besser ansteht als alle anderen raumfüllenden, gewichtigen, lärmenden

Wirkungsarten. Es scheint, daß sie nach ihrer einzigen, ganz kurzen und fein maskierten Predigt, die doch einen so herrlichen Erfolg hatte, gleich den besten Teil erwählte, den Teil Mariens: zu schweigen und zu lauschen.

Doch nicht nur wo die Frau in des Mannes eigenstes Gebiet, ins kirchliche Lehramt fallweise übergreifen muß, hat sie ihre besondere Arbeitsweise zu entfalten, sondern auch die Tätigkeit auf den ihr vorwiegend zustehenden Gebieten der caritas und pietas – der Nächstenliebe und des Erbarmens – muß durchweg diese feine Note tragen.

Christus hat uns die Verschiedenheit männlicher und weiblicher Wirkungsweisen in einem Gleichnispaar vorgeführt, das gewiß nicht durch Zufall, sondern aus tiefen Gründen bei Matthäus (13,31-33) wie auch bei Lukas (13,18-21) nebeneinander steht: „Wem ist das Reich Gottes gleich und womit soll ich es vergleichen? Es gleicht einem Senfkorn, das ein Mann nahm und in seinen Garten säte. Es wuchs und wurde ein großer Baum und die Vögel des Himmels nisteten sich in seinen Zweigen." Weiter sagte er: „Womit soll ich das Reich Gottes vergleichen? Es gleicht einem Sauerteig, den eine Frau nahm und unter drei Maß Mehl mengte, bis das ganze durchsäuert war".

Den kleinen Anfang, der so bezeichnend ist für alles Werden des Himmelreiches, haben beide gemeinsam: Mann und Frau. Aber sieh, aus dem Senfkorn des Mannes wird allmählich ein großer Baum, weithin bemerkbar, ein Gewächs, das Form und Farbe hat und das den Vögeln Wohnung bietet. Er hat unleugbar etwas Neues hergestellt, das man sehen und greifen kann. – Nicht so die Frau, die etwas Sauerteig in drei Maß Mehl mengt. Dieser Sauerteig ist in seiner Weise ganz so wirksam wie das Senfkorn: doch er tritt nie in Erscheinung: er bleibt, auch wenn er völlig ausgegoren ist und alles durchsäuert hat, doch unter dem Mehl verborgen. Er nimmt weder Gestalt noch Farbe an und wer von der geheimen Kraft nichts weiß, kann sein Wirken übersehen. Dem Sauerteig freilich liegt nichts daran, gesehen zu werden, wenn er nur wirken darf.

So ungemein ähnlich sind die Gleichnisse vom Senfkorn und vom Sauerteig einander, und doch so tief geklüftet unterschieden. Die ganze Lehre von der Gleichwertigkeit und Andersartigkeit der Geschlechter in Sein und Wirken, vom männlichen und weiblichen Priestertum, sind darin von der Ewigen Weisheit meisterlich vorgetragen und entschieden.

Das weitere Ziel

Die künftige Mission der Frau scheint nun darin zu liegen, daß sie eben dort, wo sie so tapfer an der Front gestanden ist, äußerlich zurücktritt und das

Gleichgewicht nach der anderen Seite hin hält: nach der Seite des verborgenen Betens, des Betens im Kämmerlein, das ja der Heiland auch ausdrücklich verlangt. Sie darf selbstverständlich aus der sichtbaren Gemeinschaft nicht verschwinden; aber sie muß vor allem die unsichtbare Gemeinschaft treu und bewußt hüten.

Es kann in unseren Tagen nicht davon die Rede sein, daß die Frau in den inneren Gemächern verborgen bleiben sollte; sie mag ruhig, den Erfordernissen entsprechend, hinaustreten, aber nicht so, daß das Chaos der Straße sich ihrer bemächtigt und die letzte Hülle von ihr reißt, sondern daß sie ihre Hülle heilig hält und mit dem leisen Licht des Geheimnisses eine Wirkung ausstrahlt, die durch das Chaos nicht verschlungen werden kann.

Sie muß durch ihre gottverbundene Gelassenheit, Unbeirrbarkeit und freundliche Hilfsbereitschaft auch in der äußeren Arbeit der Kirche der ruhende Pol ihrer nächsten Umgebung sein. Nie erfüllt sie ihre priesterliche Sendung besser, als wenn sie still ihre Pflicht tut und sich vom Leben finden läßt. Das Leben wird sie finden; denn es sucht ja verlangend nach einem Erdreich, in dem es wurzeln kann. In einem Wirbelwind kann nichts wurzeln. Ruhe, Selbstbesinnung, Gelassenheit sind über Maßen nötig.

Aber die Ruhe allein macht es noch nicht aus; es gibt auch ruhende Steine, in denen kann ebenfalls nichts wurzeln, aus denen kann ebenfalls nichts leben. Was ein dunkles, schweres Seelenerdreich macht, das ist die Demut. Demut (humilitas) klingt an humus (Erdreich) deutlich an.

Und hier schließt sich der Kreis ganz wunderbar: wenn eine weibliche Seele es durch Übung und Gnade zur wahren Tugend der Demut gebracht hat, so findet sie mit einem Maß die heiligen Maße des Gesetzes unmittelbar in sich, denn sie hat dem Willen Gottes den Weg völlig freigegeben. Merkmal der echten Demut aber ist es, daß sie sich trotzdem nicht vom äußeren Gesetz emanzipiert, sich nicht über das Haupt erhebt, sich nicht aus den Bindungen löst und von der Hierarchie unabhängig wähnt, sondern im Gegenteil, wie Maria, sich mit aller Selbstverständlichkeit bindet und unterwirft. Je königlicher das Herz, desto magdlicher die Haltung, nicht als Ergebnis einer Bedürftigkeit, sondern als Ergebnis eines überfließenden Reichtums an Liebe. Liebe, in ihrer breiten Entfaltung zwischen Menschenmütterlichkeit und Gotteskindschaft sagt: Ich will dienen, ich will sorgen, ich will die Lasten tragen.

Darin gipfelt nun die ganze Hoffnung, die auf die Frau in der Kirche gesetzt werden muß: daß sie nach ihrer so mutig und mit tausend Opfern geleisteten Pionierarbeit – die freilich heute noch lange nicht zu Ende ist, aber man darf ja ein wenig in die Ferne schauen – doch nur auf den Zeitpunkt wartet, in dem sie sich aus der vordersten sichtbaren Front zurückziehen darf, um aller extensiven Tat der Männer (Senfkorn) um so vollkommener ihre intensive Tat (Sauerteig) – Tat auch sie – ausgleichend entgegenzusetzen.

Im Wesen ist die gesamte Teilnahme der Laien am hierarchischen Apostolat nichts anderes als die lebensvolle Betätigung ihrer wirklichen Gliedschaft am Corpus Christi mysticum in Erfüllung des Taufgelöbnisses. Diese Betätigung läßt sich in vier unterschiedliche Weisen gliedern als Apostolat des Gebetes, des guten Beispiels, des guten Werkes und des guten Wortes (Papst Pius XI.). Die Gliederung gründet sich auf die Grundelemente der Übernatur im Leben nach den Geboten. Es geht also nicht um die Betätigung einzelner Fähigkeiten, sondern des lebendigen Ganzen. Deshalb hat auch keiner, ob Mann oder Frau, die Möglichkeit, sich willkürlich nur für diese oder jene der vier Weisen exkluxiv zu entscheiden. Bei vollem Apostolat sind immer neben der eben aktuell geübten Weise die drei andern latent gegenwärtig und bereit, auch ihrerseits im rechten Augenblick aktuell zu werden. Dieses Bereitstehen des ganzen Menschen mit all seinen Fähigkeiten ist ja das oberste Merkmal jedes Gottesdienstes.

Gerade für die Bewahrung des „lebendigen Ganzen" ist die Frau kraft ihrer Mütterlichkeit besonders verantwortlich. Ihr ist ja der Sinn für das lebendige Ganze in eigener Weise gegeben. Wo aber wirklich das lebendige Ganze am Werk ist und auch das Ziel bildet, kann das Apostolat niemals in bloßem „Aktivismus" verflachen.

Darauf zu achten, daß dies nicht geschehe, ist oberste Aufgabe der Frau. Auf diesem Gebiet wird ihr die Führerschaft unbestritten bleiben. Aus ihrem heimlichen Wissen um alles Werden hat sie unmittelbar die Erfahrung, daß äußere Atemlosigkeit und apostolische Beredsamkeit an sich noch nichts sind; starke Geduld und gotterfüllte Demut sind alles.

Apostolat kann äußerlich sogar wie Tatenlosigkeit erscheinen, wie Schlaf, wie Nichts, und doch innerlich von Wirkungen erglühen – man denke nur an die geheimen ungeheuren Energien der mystischen Beschauung! – denn hier gilt vor allem, was der heilige Paulus an die Römer (9,16) schrieb: „Nicht das Wollen oder Laufen entscheidet, sondern Gottes Erbarmen."

Die priesterliche Frau unserer Zeit: ihre Sendung in der Welt

Ruf aus der Welt

Die Art, wie die Kirche mitten in diese Welt hineingestellt ist, sie bis ins letzte wie feinstes Geäder zu durchwirken, läßt keinen Zweifel darüber, daß auch der Sendungsraum der priesterlichen Frau sich über diese konkrete Welt erstreckt, wie sie vor uns liegt, über die Welt unserer Tage, so wie es für alle früher oder später Gesendeten immer die Welt ihrer Tage war und sein wird, in die sie gesendet werden. Das Ziel der Sendung in diese Welt kann nur konform gehen mit dem Ziel dieser Welt überhaupt. In der kreisenden Bewegung aller Weltkörper spiegelt sich die kreisende Urbewegung des Seins: Rückkehr zum Ausgang. Das heißt für eine gottgeschaffene Welt: Heimkehr zu Gott. Im Begriff Heimkehr liegt Friede und Seligkeit. Es ist nun wohl fraglos, daß die Welt unserer Tage als friedlose, unselige Welt einer Sendungshilfe auf dieses Ziel hin bedarf. Und es ist nicht nur überzeugend, es ist geradezu überwältigend, wie das Wesen der Frau, so wie Gott es gedacht und in die großen Zusammenhänge des Seins gestellt hat, mit ganz eigenen Fähigkeiten und Kräften ausgestattet, gerade jene Lebenskomponente beizubringen hat, nach der die Welt heute krankt, nach der sie schreit, an der sie genesen müßte.

Es ist doch eine Welt, in der jeder herrschen und keiner dienen will; eine Welt, die ihre Nacht zum Tag macht mit grellen Lichtern; die das fruchtbare Dunkel zerreißt, alle Stille mit Lärm übertäubt, alles Geheimnis, weil es sich nicht aufreißen läßt, wegleugnen möchte. Es ist eine Welt der Unrast in der Jagd nach dem Genuß, des unsteten Lebens, eine wurzellose, heimatlose, eine zutiefst ungeduldige Welt; eine Welt, die den Raum erobert hat und an der Zeit zusammenbricht, weil die Zeit nur mit Gelassenheit besiegt werden kann. Im rasenden Wettlauf bleibt die Zeit immer die Stärkere. Es ist eine Welt, in der alle Dinge, die großen wie die kleinen, leer geworden sind von Gott. Hie und da schreit ihre Sehnsucht auf nach Gott, doch sie verlangt dabei nach äußeren Phänomenen und weiß nicht mehr in sich hineinzulauschen, weiß nicht mehr, Gott zu finden in den kleinen Dingen des Alltags.

Die Antwort der Frau

Wie wohl müßte es dieser Welt tun, wenn all ihre Herrschsucht, ihr Grellheit, Unrast, Gespaltenheit, Ungeduld und Gottesferne von der einen Menschheitshälfte her durchflutet würde mit echtem Dienmut, mit heilsamen Dunkel, mit Ruhe, Friedenskraft, Geduld und schlichter Gottverbundenheit. Diese Werte fehlen spürbar im Gesamtbild. Wenn sie aber fehlen, so liegt die Schuld doch an eben der Menschheitshälfte, der diese Werte besonders anvertraut sind.

Die Frau muß sich zu einer großen, tiefen Schuld bekennen, zu einer mißbrauchten Verantwortlichkeit. In der Frauenbewegung lebte der Gedanke, der Mann habe in der Leitung versagt, die Frau müsse an seine Stelle oder zumindest an seine Seite treten. Ist aber im erkennbaren Versagen der führenden Mannheit nicht ein verborgenes Versagen der fundierenden Frauheit offenbar geworden? Hätte das Hervortreten der Frauen den Schaden bessern können?

Ganz gewiß nicht. Wenn der Wipfel des Baumes welkt, darf die Wurzel sich nicht aus dem Boden reißen, um den Wipfel zu ersetzen. Sie muß vielmehr weiter nach der Tiefe tasten, nach gutem Erdreich, nach besserer Feuchte, dann wird der Wipfel wieder grünen.

Es wurde schon festgestellt, daß es für die einzelne Frau immer wieder nötig werden kann, fallweise einzuspringen, wo der einzelne Mann versagt; in der Familie wie im Beruf, ja auch in der Staatenführung. Die Gesamtheit aber wird immer dadurch das Beste leisten, daß sie ihr wahres Frauentum verkörpert. Die tragenden, dienenden, stützenden, helfenden Kräfte müssen im vollen Maße wirksam werden.

Das Kleid der Frau

Es gibt unzählige junge Mädchen und Frauen, auch ältere, die allerdings dieses Ältersein nicht wahrhaben wollen, die halten es einfach für eine lästige unzeitgemäße Moralforderung, wenn dezente Kleidung und ruhiges, gesittetes, echt „frauliches" Benehmen von ihnen verlangt werden. Sie haben, so scheint es, keine Ahnung, daß die Verhüllung der Frau einen ganz wesentlichen priesterlichen Wert ausdrücken und stärken soll: ihre Bezogenheit zur Tiefe, zum Geheimnis.

Auch durch die indezente Kleidung verrät die Frau das Geheimnis ihres Leibes, der als geistgerichteter Leib an der priesterlichen Verhülltheit der ganzen Persönlichkeit Anteil haben müßte. Durch die Entblößung und durch die Gewöhnung an die Entblößung gefährdet die Frau nicht nur ihre Reinheit, zu der sie, wie schon erwähnt, um ihretwillen und um des Mannes willen überverpflichtet ist, sie verliert auch ihre Wurzelhaftigkeit, ihre Tiefenbeziehung. Ihr Wesen wird flach, leer, banal, des großen Berufes, der priesterlichen Sendung unbewußt.

Auch in der Ehe fühlt sich der Mann zutiefst betrogen, wenn alle Hüllen, seelisch und leiblich, preisgegeben werden. Es mag sein, daß eine junge Frau im Grunde keinen anderen Fehler hat, als daß sie mit äußerster Indiskretion immer bereit ist, alles von sich auszusagen, was ihre persönlichen Zustände und Empfindungen anbelangt. Sie offenbart ständig an ihrer Umgebung, ob es nun nahestehende oder ganz fremde Menschen sind, was sie eben verspürt: ob ihr kalt oder warm sei, ob sie Hunger oder Durst habe, ob sie gut oder schlecht aufgelegt sei. Schließlich teilt sie dann auch jedem, der es anhören will, ihre erotischen Neigungen und Erfahrungen mit. Im Laufe von wenigen Jahren wird sie ihrem Mann um dieser seelischen Schamlosigkeit willen, die sich natürlich auch in Kleidung, Haltung und Gebärde ausdrückt, unerträglich geworden sein. Sie hat ihre priesterliche Sendung an die Menschheit zutiefst verraten.

Diskretion

„Diskretion" heißt eine wundervolle Eigenschaft, die namentlich von der Frau verlangt wird. Das Wort bedeutet „Unterscheidung". Die Fähigkeit zu unterscheiden wird sonst mehr dem Mann zugesprochen. Im Bereich männlichen Priestertums liegt die Kraft zur „Unterscheidung der Geister". Bei der Frau aber geht es um eine Unterscheidung nicht mit trennender Verstandeskraft, sondern mit einigender Herzenskraft: Unterscheidung dessen, was man um der Liebe willen sagen und was man um der Liebe willen verschweigen soll.

Die Diskretion ist eine echt frauliche Unterscheidungskraft. Sie muß dort geübt werden, wo eine Norm nach Maß und Gewicht nicht ihren Zweck erfüllen würde. Innerhalb der Schranken des Gesetzes und auch über sie hinaus wirkt lindernd und leitend die Herzensführung der Diskretion. Diskrete Kleidung verbindet Anstand und Gefälligkeit. Ein verhüllender Sack vom Hals bis an die Zehen wäre in europäischen Gesellschaftskreisen ebenso indiskret wie jene durchaus unfrauliche Bekleidung mit Shorts. Diskretion weiß für Sport, Arbeit und Geselligkeit die jeweils richtige Kleidung zu finden.

Eine Frau hätte schon das Wesen ihrer priesterlichen Sendung gut erfaßt, wenn sie es sich zur Aufgabe setzte, die rechte Diskretion vom Herzen her zu verkörpern und andere Frauen in ihrem Einflußkreis zur Diskretion zu erziehen.

So wie die Tracht des langen Haares und des Schleiers auf metaphysischen Gegebenheiten gründet, so auch der Frauenrock, der das Statische, die Standkraft und Tragkraft, die Basisbreite des Fundaments veranschaulicht. Eine Frauenmode, die, auch wo es nicht um Skilauf, Hochtouristik oder Schwimmsport geht, die Beine sichtbar macht, die Gliedmaßen der Fortbewegung, nimmt diesen Eindruck des Statischen, der Standkraft und Tragkraft und Ruhe. Mit der Betonung der Beweglichkeit aber, mit dem Hervorkehren der „Heuschrecken-Silhouette" leistet die Frau einer sich in Unrast verzehrenden Welt keinen Dienst.

Die Frau als Heimat

Die Urheimat des Geschöpfes ist Gott. Gott ist die vollkommene Ruhe, der Immerzufindende, das Ziel aller Sehnsucht nach Geborgenheit. In seiner Ewigkeit ruht auch das Ruheloseste, die Zeit.

Im Priester, dem die Stellvertretung Gottes aufgetragen ist, muß der männliche Drang nach Eroberung des Raumes so sehr in eine höhere Ruhe emporgehoben sein, daß er bei aller Tätigkeit doch Gott als die bleibende Zuflucht nachzubilden und vorzustellen vermag. Er muß Bewegungskraft und Standkraft verbinden und diese hat ihr Sinnbild im Talar, der dem Frauenkleid angenähert ist. Auch im Richter soll sich „Gott als Zuflucht" spiegeln. Der Richterberuf hat viel Priesterliches an sich. So trägt auch der Richter als Amtskleid den Talar.

In früheren Jahrtausenden war das lange, schritthemmende Gewand über ganze Erdteile hin auch des Mannes Alltagskleidung. Es wurde mehr und mehr verdrängt und heute ist es selbst im Morgenland, dessen statische Ruhe so unerschütterlich schien, in steigender Gefahr, ganz zu verschwinden. Die Unrast wächst über die Welt hin. Unrast hat auch einen Keim des Segens in sich, denn sie kommt aus Kraft und zielt auf Kraft; doch sie muß im Gleichgewicht erhalten bleiben, in der Harmonie des Ganzen, in der polaren Spannung zur Gegenseite; Rast und Unrast müssen sich in heiliger Spiegelung der göttlichen Wesenheit mit ihrer Ruhe-Unruhe-Identität die Waage halten.

Heute aber ist die Unrast doch nahe daran, Werkzeug Satans zu werden und im Ausbruch des Dämonischen den Keim ihres Segens in unaufhaltsamen Fluch zu verwandeln. Schon stöhnt die Menschheit unter dem Tempo, in dem ihr Alltags- und Sonntagsleben dahinrast. Sie weiß, wie unter dem Zwang der Besessenheit, diesem Rasen nicht Einhalt zu tun. Alle Wurzelhaftigkeit, alle Stetigkeit droht verlorenzugehen.

Es ist wohl begreiflich, daß der Mensch aus der Steinwüste Großstadt so rasch wie möglich nach einem Stückchen Grün und Freiheit hinausdrängt. Aber das nächste stille Grün ist auch kein Ruheplatz mehr für ihn. Er muß, weil es Maschinen und Straßen gibt, alles Grün durchrasen, so rasch und so weit wie nur möglich. Es geht, so scheint es, um die Ortsveränderung an sich, die ihn darüber hinwegtäuscht, daß er aus Nervenschwäche eine wahre, tiefe Ruhe einfach nicht mehr ertragen kann.

Vielleicht kann er sie deshalb nicht ertragen, weil sie ihm nicht von dort zuströmt, woher sie ihm zuströmen sollte; weil er sie dort nicht findet, wo er sie finden müßte: bei der Frau.

Ist die Frau noch Heimat? Ist sie der ruhende Pol? Ist sie die auf ewigen Grundfesten Aufruhende, die Ruhe ausstrahlt in die kreisende Welt hinein? Ist sie nicht selbst nervös, raumgierig, zeitverfeindet, wurzellos? Sie, die mit ihrem ganzen Wesen Wurzel sein sollte!

Zwei sind es, die Stand halten müssen, um dem Teufel der Unrast die Stirne zu bieten: der Priester und die Frau: er als Bild des ruhenden Weltenrichters, sie als Bild des ruhenden Weltenträgers. Es wird aber keine Priester geben, die nach der Ruhe Gottes führen, wenn es nicht zuerst Frauen gibt, die aus der Ruhe Gottes kommen und in ihr verwurzelt bleiben, denn von den Müttern hängt alles ab.

Die Frau hat indessen nicht bloß in Leichtsinn und Spiel die Ruhe, die ihr so eigens anvertraut ist, verraten. Es war schon bittere Not, die sie dazu trieb. Sie, die das Leben zu tragen hat, sah dieses Leben von allen Seiten immer mehr gefährdet und bedroht. Der Raum wurde ihm beschnitten, die Nahrung gekürzt, der Atem abgeschnürt. Kein Wunder, wenn durch die steigende Wirtschaftsnot zuckende Unruhe in ihre Haltung kam. Es wurde immer schwerer, des Lebens Dasein über das drohend umbrandende Nichts emporzuhalten, ja, es wurde bis zur Unmöglichkeit getrieben! Es war doch die Unruhe der Selbstbehauptung als Familienbehauptung, die bei den Emanzipationskämpfen der Frau ausgebrochen ist. Sie hat in ihrer Sorge der Not dadurch begegnen wollen, daß sie sich zur Gipfelhaltung des Mannes, weithin sichtbar, aufrecken wollte. Es war durchaus begreiflich und in der besonderen Lage, der die rechte Verwurzelung im Religiösen fehlte, auch entschuldbar. Dennoch hat sie damit den schönen schöpferischen Rhythmus der Zweigliederung zur Einheit zerstört. Diese ihre sorgende Unruhe, die ja heute mehr denn je anwächst, muß wieder in die ihr eigene Ruhekraft eingehen. Das wird sie nur können, wenn die Frau wieder die ihr zukommende tragende Tiefenlage einnimmt. Nicht durch die Flucht vor ihrer priesterlichen Sendung, sondern durch ihre Erfüllung wird sie zur Herstellung des Gleichgewichtes helfen. Ist ihre eigene Unruhe in die ihr noch eigenere Ruhe eingegangen, dann vermag diese gestärkte Ruhe in die Unruhe des schaffenden Mannes einzugehen; und er bedarf ihrer, wenn er etwas zum Segen leisten soll. Die wesenseigene Ruhe der Frau, die in Geduld der Zeit die Zügel abnimmt, muß ihn von seiner wesenseigenen Unrast erlösen, die ihn über die Raumeroberung hinaus zum vollen Raumverlust aufpeitscht. Denn der Heimatlose hat keinen Raum mehr zu eigen.

Nichts von dem, was er durchrast, ist noch sein eigen. Er verliert ein Stück Erde an das andere, noch ehe er es besessen hat. Ein solcher Vorgang tarnt sich oftmals unter dem einst so reich gefüllten Worte: reisen.

O ja, es ist etwas Schönes, sich so frei bewegen und über Land fahren zu können oder durch die Luft zu fliegen! Die Beherrschung des Raumes ist doch ein königliches Recht des Menschen und es ist Gottes Welt, durch die er mit Gottes Kräften fährt. Beim Bau der Fahrzeuge war Gottes Schöpferkraft am Werk und keine Ortsveränderung geht ohne concursus divinus vor sich. Am schönsten aber ist dieses Fahren für den, der irgendwo wirklich zu Hause ist, der eine Heimat hat, in der sein Wesen wurzelt, auch wenn er unterwegs ist. Sonst wird aus dem Reisen leeres Vagabundentum. Der Vagabund zieht seine Wurzeln hinter sich her und wenn ihn sein Weg über den besten Humus führt, er läßt ihnen nicht Zeit, sich einzusenken, und sie müssen verkümmern.

Es gibt indessen auch heilige Heimatlosigkeit als Bild des „Fremdlingsseins" auf dieser Erde. Die kann dem Priester aufgetragen sein als eines der schwersten seiner Berufsopfer. Doch damit er diese Heimatlosigkeit ertragen kann, muß er wissen, daß da doch Heimat ist, wenn auch nicht für ihn, im Bereich der priesterlichen Frau. Das, was er opfert, muß seinen Wert haben und seinen Wert behalten; sonst verliert das Opfer seine Substanz, es bricht zusammen. Und Heimatlosigkeit ist nur als Opfer zu Gott empor erträglich. Ähnlich wird ja auch der priesterliche Zölibat je heller strahlen, je mehr wahres Familienglück es gibt. Der Wert des Opfers erhöht die Kraft des Opfers. Wo auf einen Unwert verzichtet wurde, sinkt das Opfer in sich zusammen.

Doch auch die Forderung nach Ruhe an die Frau verlangt Diskretion. Es muß wohl unterschieden werden zwischen Trägheit und Interesselosigkeit einerseits und wertgesättigter Ruhe andererseits. Wie sich die Unruhe der Lichtkraft zuordnet, so die Ruhe der Schwerkraft[40]). Schwerkraft heißt auch Trägheit und man stellt sich leicht etwas Passives, bloß Verharrendes unter ihr vor, eine Kraft nolens volens, die durch das bloße Gewicht ohne jede Aktion zur Wirkung kommt.

Aktiven Naturen müßte dann eine solche Zuweisung zur Ruhe widerstreben. Dieses Widerstreben gründet indessen auf einer falschen Auffassung der Schwerkraft. Der Gelehrte Weyl hebt in seiner „Philosophie der Naturwissenschaften"[41]) mit besonderer Wärme eine Tatsache hervor, die ihm grundlegend zu sein scheint zu einer Korrektur der bisher geltenden weltstrukturellen Auffassung. Es ist die Erhebung der sogenannten Trägheit der Körper in die Reihe der Kraftleistungen. Die Trägheit hat aktive Eigenbedeutung. In seiner Darlegung beruft sich Weyl auf Leibniz, der in einem Brief geäußert hat: „Es ist nicht dasselbe, ob etwas nur seinen Zustand beibehält, bis etwas eintritt, was ihn verändert – ein Fall, der auch dann vorkommt, wenn das Subjekt gegen beide Zustände ganz indifferent ist – oder aber, ob es, was weit mehr bedeutet, nicht indifferent ist, sondern eine Kraft und gleichsam eine Neigung hat, seinen Zustand beizubehalten und so der verändernden Ursache Widerstand zu leisten."

So enthüllt sich die „Trägheit" als „Ruhekraft" und dieses Wort läßt ahnen, welche Wucht und welche Größe sich aus ihr entfalten kann. Wenn es Aufgabe der Frau ist, die ewigen Wahrheiten in der Unrast der Zeiten festzuhalten, die Tradition zu hüten, die drückende Last der Sorge lange zu tragen, den dauernden Schmerz auszuhalten, so bewährt sich diese Ruhekraft in einer Aktivierung verborgener oder ungeheurer Energien. „Geduld ist Kraft in höchster Potenz", sagt Gertrud von Le Fort. Geduld aber ist keine absolute Ruhe, sondern eine Ruhe, die sich aus eigener Kraft gegen die wogende Unruhe behauptet. So ist auch die Ruhekraft im Weltall, die sogenannte Trägheit, immer die Beruhigung einer Bewegung; als solche aber ist sie aus der uns bedrückenden Starre gelöst.

Es ist eine wunderbare, mächtig wirksame Aufgabe fraulichen Priestertums, dieses Ruhewirkendürfen, dieses Sänftigen, Stillen, zur Besinnung bringen, Heimatgefühl geben. Das ist auch im beweglichen Beruf, etwa dem einer Sportlehrerin, möglich, denn es beruht auf einer inneren Qualität, die aus Gottverbundenheit, allerdings nur aus Gottverbundenheit entsteht. Nichts ist furchtbarer, als wenn eine Frau durch ihre Unruhe und Lebensgier die Rastlosigkeit umher noch mehr aufpeitscht. Nie ist sie von ihrer priesterlichen Sendung weiter entfernt. Nervosität kann eine ernste Krankheit sein, die zum Arzt gehört. Überaus häufig aber ist unsere Nervosität nichts als Unerzogenheit, Unbeherrschtheit, Herrschsucht und vor allem Mangel an Gottverbundenheit. Aus der Gottverbundenheit strömt die heilige Ruhe, die heroisch werden kann und monumental; die sich behaupten kann, wo alle sonst den Kopf verlieren.

Wie unsagbar nötig braucht der Mann im heutigen Lebenskampf das Ruhevolle, das Gelassene der Frau, sei es von seiten der Mutter, der Gattin, der Schwester, der Tochter, der Arbeitsgefährtin. Der Nachteil ist geringer, wenn die Hausmutter allmählich seßhaft und behäbig wird, als wenn sie zur Führerin der wilden Jagd entartet, die das Heim veröden läßt und das Gedeihen der ihr Anvertrauten an Leib und Seele hindert.

Im Orient und auch in südlichen Gegenden Europas, etwa schon bei Neapel, sind die Frauen heute noch so sehr ans Haus gebunden, daß ein weiblicher

Gast, auch wenn er allein reisend gekommen ist, nicht mehr allein ausgehen darf, um den guten Ruf der Familie nicht zu gefährden. Die Mutter geht nur sonntags zur Kirche, sonst verläßt sie niemals das Haus. Ihr Wesen aber hat nichts Verkümmertes, Verdumpftes oder Rückständiges an sich. Es strahlt vielmehr eben aus ihrer naturhaften Ruhe und oftmals gnadenhaften Reinheit eine starke priesterliche Wirkung aus. Die Söhne solcher Frauen, wenn sie viel in den großen Weltstädten herumkommen, werden von Zeit zu Zeit immer wieder durch eine gewaltige Sehnsucht nach Hause getrieben, um diese Ruhe und Reinheit zu atmen, diese Atmosphäre, die spürbar von der Mutter des Hauses ausgeht. Auch hier ist Ruhe keineswegs zu verwechseln mit Untätigkeit; solche Frauen wissen von ihrem Haus aus die Armen und Waisen aufzuspüren und eine reiche Liebestätigkeit zu entfalten.

Das angeführte Beispiel soll keineswegs der völlig unmöglichen Verpflanzung fremder Sitten das Wort reden, die als zeit- und volksfremd nie zum Segen werden könnten, es soll nur den Sinn für Möglichkeit und Werthaftigkeit solcher Frauenzucht aufschließen.

„Mulier fortis"

Hat nicht schon Salomon das Bild der starken priesterlichen Frau in aller Plastik und Farbigkeit gezeichnet? Wir finden in ihm die ganze Fruchtbarkeit fraulicher Ruhekraft voll entfaltet (vgl. Spr 31):

„Eine starke Frau, wer weiß sie aufzufinden? Weit über Perlen geht ihr Wert. Das Herz ihres Mannes vertraut ihr und an Gewinn fehlt es ihm nicht. Sie vergilt ihm Gutes, nie aber Böses, so lange sie lebt. Sie sorgt für Flachs und Wolle und schafft mit arbeitsfroher Hand. Sie gleicht dem Schiff eines Kaufmannes und holt sich von Ferne ihr Brot."

Diese Ferne, aus der sie ihr Brot holt, deutet nicht notwendig darauf hin, daß sie weite Reisen tut, um einzukaufen. Ja, sie muß nicht einmal das Haus verlassen, um ihr Brot aus der Ferne zu holen. Doch wenn sie es selbst täte, und es steht nichts dagegen, daß sie es gegebenenfalls tut, das Ruhevolle liegt in der geschlossenen Sorge für eben dieses Haus, diese Heimat, der sie das Brot verschafft, aus der Nähe oder Ferne einer Welt, die als Gottes Welt auch insgesamt ihre Heimat ist.

„In der Nacht schon steht sie auf, dem Hausgesinde die Kost zu geben und den Mägden Arbeit zuzuteilen."

Wieder strömt Ruhe durch die Geschlossenheit ihrer häuslichen Tätigkeit; doch von Trägheit ist wahrhaftig nichts zu spüren; im Gegenteil:

„Sie denkt an ein Feld und kauft es, sie pflanzt einen Weinberg für den Erlös ihrer Handarbeit."

Wir finden sie in ihrem Bereich mit großer Selbständigkeit schalten und sie wird diese Selbständigkeit nie mißbrauchen, weil sie so klar auf das Wohl ihres Heimes gesammelt ist.

„Sie gürtet mit Kraft ihre Lenden und strafft ihre Arme."

Es ist ja die „starke Frau", ein königliches Bild.

„Sie fühlt, wie nun alles vorangeht. Auch des Nachts verlöscht ihre Lampe nicht."

Dieses nächtliche Brennen der Lampe läßt sich vielfach deuten: als die immer wache mütterliche Sorge für das anvertraute Leben; als die unverlöschbare Zuversicht auf Grund ihrer inneren Gottverbundenheit; als das Ewige Licht ihrer fraulichen Liebe und ihres priesterlichen Dienstes.

„Ihre Hand legt sie an Gewichtiges und ihre Finger drehen die Spindel."

Hier haben wir die Spannweite ihrer Arbeit vom Schweren bis zum Zarten.

„Sie öffnet ihre Hand dem Armen und reicht dem Dürftigen den Arm."

Hier trägt sie, stützt sie, hilft sie, wie es ihr eigenes priesterliches Amt ist.

„Sie fürchtet nicht den Schnee für ihr Haus: Alle sind ja doppelt bekleidet."

Aber nicht nur das Wehren der Not ist ihr anvertraut, auch die Pflege der Schönheit:

„Sie fertigt sich ein gegürtetes Kleid, Byssus und Purpur ist ihr Gewand."

Die Freude an der schönen Kleidung gehört dazu; aber wie krönt sie hier eine harte, segensreiche Pflichterfüllung! Wehe, wenn sie einziger und letzter Lebensinhalt bleibt! Die „starke Frau" will auch die Schönheit der Kleidung vor allem in ihrem eigenen kleinen Reich, zu Hause, zur Geltung bringen: denn ausdrücklich heißt es:

„Ihr Mann" – nun wird er zum ersten Mal genannt – „ihr Mann hat Ansehen an den Toren, im Rat der Ältesten des Landes."

Ja, er sitzt vor den Toren; er trägt das Ansehen der ganzen Familie zur Schau. Gegründet aber ist dieses Ansehen auf das ruhevolle Wirken seiner starken Frau, der gewiß nie nach Arbeit bange ist; die aber keinen Wert darauf legt, selbst an den Toren zu sitzen und Ansehen zu genießen. Ihre Arbeit soll zur Geltung kommen, sie soll geschätzt werden, das will sie schon; aber eben im Ansehen ihres Mannes.

Bleiben ihr noch ungenützte Kräfte, so „webt sie Tücher und verkauft sie, verhandelt dem Kanaanäer Gürtel."

So steht sie vor uns:

„Ihr Gewand ist Kraft und Adel. Sie lacht der Zeit, die kommt."

Sie lacht ihrer aus der großen Ruhe ihrer Gottverbundenheit.

„Sie öffnet ihren Mund in Weisheit, das Gesetz der Milde ist auf ihrer Zunge."

Milde versöhnt und eint. In der Frau lebt ja die verbindende und einende Kraft des allen gemeinsamen Daseins, im Mann aber ist die des trennenden, unterscheidenden Soseins, das immer zugleich auch ein Nichtanderssein ist. Der tiefste Riß, der je entstand, der Riß zwischen Himmel und Erde, wurde auch geheilt durch jene milde Frau, die den Gottmenschen gebar.

„Sie achtet auf die Ordnung des Hauses und ißt ihr Brot nicht müßig."

Ein Gebiet ist da, auf dem der Mann von der Frau Gesetz und Ordnung erwartet: in allem, was Sitte und Reinheit betrifft, in allem, wo die an sich gute Leidenschaft in ein heiliges Maß zu zügeln ist, wie es die Frau, bei allem Hang zur Maßlosigkeit doch wunderbar fest und klar durch die Liebe empfängt; durch keine Macht als die Liebe. Sie dankt dem Mann die Ordnung des Rechtes, mit dem er ihre leicht maßlose Sorge mäßigt, durch die Aufstellung der Ordnung der Liebe in ihrem Reich, um seine leicht maßlose Leidenschaft damit zu binden. – Der folgende Vers nun macht eine bedeutsame Aussage:

„Man preist sie dort, wo ihre Kinder sind. Und wo ihr Mann ist, rühmt man sie."

Nicht im Hervortreten ihrer eigenen Person, auch nicht in ihrem eigenen Blühen und Gedeihen liegt ihr Ruhm; sondern im Blühen, Gedeihen und Hervortreten jener Leben, die ihrer mütterlichen Sorge anvertraut sind. Dort aber, wo diese sich prächtig zeigen, wird sie gelobt, dort wird ihrer gedacht, und es ist ihr eine ungleich größere Freude, um ihres Mannes und ihrer Kinder willen als um ihrer selbst willen gelobt zu werden. Denn dieses Lob umfaßt ja ungleich mehr Leben, geliebtes Leben; und ihre Mütterlichkeit drängt ja nach der Fülle überfließenden Reichtums. – Man lobt sie mit den Worten:

„Viele Töchter sammeln Reichtum; du übertriffst sie alle!"

Das Übertreffen liegt darin, daß sie die Reichtümer nicht nur etwa für sich gesammelt, sondern auch verströmt hat, mütterlich, Leben gebärend, erziehend, hütend, stützend und pflegend.

„Die Anmut trügt, die Schönheit schwindet." – Anmut und Schönheit nämlich, die nur auf das eigene Ich beschränkt bleiben wollen, statt sich vielmehr zu verbrauchen im Dienst von noch mehr Anmut und Schönheit nachkommenden Lebens.

„Die Frau, die den Herrn fürchtet, erntet Lob."

Denn in dieser heiligen Furcht erfüllt sie die priesterliche Sendung, die Er ihr aufgetragen hat, verkörpert sie Seinen heiligen Schöpfungsgedanken, verwirklicht sie Seine weiseste Schöpfungsabsicht.

Zuletzt klingt ein Segenswunsch über die, von der soviel Segen ausgeht: „Laß sie die Frucht ihrer Hände genießen"! Ihr Werk ist es, daß sie am Tor gerühmt wird."

Ja, sie wird am Tor, wo die Straße nach der Ferne geht, wo Eigene und Fremde es hören, gerühmt; sie, die verborgen Waltende. Sie wird gerühmt, gerade weil sie verborgen waltet und auf diesen Ruhm so gar nicht aus ist. Sie denkt nicht daran, wenn sie wacht und schafft, sie denkt nur an das Leben, das werden und wachsen soll.

Niemand ist so unabhängig von äußerem Lob und offizieller Anerkennung wie die wahrhaft mütterliche Frau. Ihr genügt es, wenn sie in ihren Kindern gepriesen wird, sei es in den leiblich geborenen oder in den nur geistig und leiblich betreuten.

Orden und Ehrentitel entspringen dem echt männlichen Bedürfnis nach äußerer Glorie. Verlangen nach Glanz und Ruhm können beim Mann die besten und edelsten Kräfte wecken. Der echten Frau wird das, was als ein Ehrenzeichen zu erringen ist, soweit es nur um ihre eigene Person geht, nicht der Mühe wert sein. Der Mühe wert sind ihr nur die Belange der Liebe, um die es hier unmittelbar geht. Wohl ist auch ihr der Ehrgeiz eine Gefahr, sie wäre sonst keine Tochter Evas; doch sie läuft eher Gefahr, ehrgeizig zu sein für das Ansehen ihres Mannes, das freilich ihre eigene Geltung umschließt, und dann kann sie auch sehr lächerlich oder böse werden. Man denke an Kriemhild und Brunhild beim Kirchgang, die sich nicht mit eigenen Taten, sondern mit denen ihrer Männer gegeneinander brüsteten. Weil Liebe immer nur um Liebe fragt, deshalb ist auch im eigensten Reich der Frau, in Familie und Haus, für ihre Leistung kein Lohnsystem errichtet und Lohn und Titel werden nicht verliehen. Aus der Natur erwachsen die Titel: Vater, Mutter, Kinder, Großeltern, Tante usw.

Sakralraum der Frau: die Familie

Nirgends so wie hier, im Lebensraum der Familie entfaltet die Frau als „mulier fortis" den ganzen Umfang ihrer priesterlichen Sendung.

Der Organismus der Familie, dessen Herz die Frau ist, zeigt zweifellos eine starke Bezogenheit auf religiöse Werke. Die Familie bedarf einer religiösen Begründung und die Religion einer familienhaften Pflege. Mit einem Gottesleugner kann man über die Familie nicht streiten. Ehe er nicht auf die Knie gesunken ist, wird er die heiligen Bindungen einer Liebes- und Opfergemeinschaft, wie es die Familie ist, nicht verstehen. Träger der Liebe und des Opfers in der Familie ist zutiefst die Frau. Hier gründet die Unentbehrlichkeit ihres Priestertums.

Dem gläubigen Christen kann es nicht zweifelhaft bleiben, daß die Familie in der Schöpfung von Anfang an als ein originaler göttlicher Gedanke vorgesehen ist. Der einfachste Beweis läßt sich aus den zehn Geboten, dieser der menschlichen Natur einerschaffenen sittlichen Norm, erbringen. Die Gebote zeigen eine bestimmte logische Gruppierung. Die ersten drei stellen den einzelnen Menschen als solchen vor Gott und regeln seine Liebe zu ihm. Wenn auch nur ein Mensch lebte, fänden sie ihre Anwendung. Die übrigen Gebote stellen den Menschen als Glied der Gemeinschaft vor Gott, sie lehren ihn die Gottesliebe als Nächstenliebe. Für einen ganz einzelnen Menschen hätten sie keine Anwendungsmöglichkeiten; er könnte ja weder töten, noch stehlen, noch ehebrechen, noch falsches Zeugnis geben usw.

Das vierte Gebot nun nimmt zwischen den beiden Gruppen insofern die Stellung eines Übergangs- und Bindegliedes ein, als es nicht nur dem allgemein menschlichen Miteinander- und Nebeneinanderleben gilt, sondern einer geformten Gemeinschaft nicht in bloßer Nebeneinanderordnung, sondern in eben jener Über- und Unterordnung, die wir als typisch für geistiges Gemeinschaftsleben erkannt haben. Die Familie ist auf das Prinzip liebevoller Leitung und freiwilliger Subordination gegründet und stellt als solche das Urbild jedes menschlichen Subordinationsverhältnisses dar. Tatsächlich umgreift das vierte Gebot ja auch alle Beziehungen zur Autorität, nicht nur zur elterlichen; es verpflichtet alle vertikalen Schichtungen der Gesellschaft gegeneinander durch Inkraftsetzung der Autorität, die ja allein als ein Abglanz göttlicher Autorität sinnvoll und heilsam erscheint. Es lehrt, wie in den vorgesetzten Menschen Gott gesehen und verehrt werden soll.

Das vierte Gebot richtet sich nun zunächst ausdrücklich an Familienglieder, weil eben alle übrigen Über- und Unterordnungen der menschlichen Gesellschaft einzig auf die Über- und Unterordnung innerhalb der Familie begründet sind. Sie dient als Wiege harmonischer Gemeinschaftsform und kann durch keinen Entwicklungsgang der Menschheit je überflüssig gemacht werden. Ihre Zerstörung muß immer die Zerstörung aller übrigen Unterordnungsverhältnisse nach sich ziehen.

Keimgrund und Lebenspuls der Familie aber ist die Liebe. Wenn das Gebot jede Art von Über- und Unterordnung auf das Vorbild der Familie hin verpflichtet, so hat es sie zugleich auf die Liebe verpflichtet. Jedes Befehlen und Gehorchen muß auf Liebe gegründet sein; denn Liebe allein strebt aus sich selbst, ohne Zwang, nach Über- und Unterordnung, nach schützender

Überordnung und dienender Unterordnung. – Es kann aber nur auf Liebe gegründet sein, wenn die Familie als beispielgebende Institution besteht, an der sich alles andere zu orientieren vermag. Der Sprachgebrauch weiß das genau, wenn er den richtig herrschenden als „väterlich" bezeichnet.

Die Einzelgebote stellen einen großen Erziehungsgang des Menschengeschlechtes dar, die Rückführung zur verratenen, verlorenen Liebe und damit auch zur Freude am Gehorsam, zum Sinn für das Sichunterordnen. Hier hat die Erbsünde ja unmittelbar die Wunde geschlagen.

Es gäbe nun eine Vielfalt von Ansatzpunkten für die Rückkehr der Liebe in die Beziehung der Menschen untereinander; es gäbe Geschwisterliebe, Freundesliebe, Volks- und Heimatliebe, bräutliche und eheliche Liebe, Liebe zum Kameraden, zum Lehrer, zum Führer, zum Retter oder Heros. Gott aber wählt ganz eindeutig die Kindesliebe zum Einfallstor und Ausgangspunkt für das Eindringen der Liebe in alle Beziehungen. Das kann nicht gleichgültig sein. es klingt wie eine göttliche Bejahung des absoluten Wertes, der grundlegenden Bedeutung der Einzelfamilie innerhalb der großen Menschheitsfamilie, wenn vom Sinai herab verkündet wird:

„Du sollst Vater und Mutter ehren, auf daß du lange lebst und es dir wohlergeht auf Erden."

Hier ist alles menschliche Lieben an seiner Wurzel gefaßt. Im engsten Umkreis muß es beginnen; doch in einer Enge, die durch ihr Lebenschaffen zugleich in größte Weite zielt. Dabei ist auch die Liebesrichtung, die das göttliche Gebot innerhalb der Familie hervorhebt, von Bedeutung: die Liebe der Kinder zu den Eltern. Es betont dadurch als Wichtigstes jene Beziehung der Liebe, die nicht durch den bloßen Naturtrieb bedingt ist, sondern der ersten Bewegung, auf das Göttliche hin entspringen muß. Die Liebe der Eltern zur Nachkommenschaft ist naturbedingt; die noch hilflosen Geschöpfe bedürfen ihrer so sehr, daß sie Bedingung für die Arterhaltung ist. Sie findet sich ja auch beim Tier. Die Liebe der Kinder aber, besonders der nicht mehr pflegebedürftigen, zu den Eltern, besonders den nicht mehr leistungsfähigen, ist in der niederen Natur nicht mehr begründet, ja, sie läuft dem tierischen Trieb, der nur auf Erhaltung von Individuum und Gattung gerichtet ist, im Grunde zuwider.

Hier muß also die befreiende, veredelnde, alleinseligmachende Liebe entscheidend einsetzen, um in gerader, aufsteigender Linie über die Familie, die Sippe, die Nation hinaus zur Feindesliebe und All-Liebe zu führen. Nun setzt aber das Erblühen ehrfürchtiger Liebe von seiten der Kinder, die unmittelbar angeredet sind, zu den Eltern empor eine rechte Wachstumsatmosphäre voraus, die nur aus rechter bräutlicher und ehelicher Liebe, nur aus Untrennbarkeit der Verbindung, aus der Pflichterfüllung seitens der Eltern, aus der Einigkeit unter den Geschwistern zustande kommen kann. Ist sie gegeben, so wird sie aber auch die rechte Eingliederung in Volks- und Heimatliebe zur Folge haben.

Ehrfürchtige Liebe wird vom Kind verlangt. Ehrfurcht, das bedeutet eine Furcht, die durch Liebe frei gemacht und veredelt wurde. Furcht gleicht einem Stein, der hinabfällt, Ehrfurcht einer Blume, die emporwächst. Ja, Ehrfurcht ist eine große Bewegung von unten hinaus. Im menschlichen Gemüt entspringt diese Bewegung dem erkennenden Geist, mit dem fühlenden Herzen aber wird sie durchgeführt. Wer tiefer steht, hat größeren Spielraum für die Ehrfurcht. Im freiwillig Untergeordnetsein liegt der ergiebigste Quellgrund für die Ehrfurcht.

Nun haben wir als Besonderheit der Gemeinschaftsstruktur, die wir Familie nennen, das Über- und Untergeordnetsein erkannt. Wir wissen auch, daß der Frau, bei Wahrung des Gleichwertes, als dem tragenden Fundament die Unterordnung zukommt. In der Frau muß also die gottgerichtete Bewegung der Ehrfurcht, in die die Kinder mit hineingehoben werden sollen, ihren Ursprung haben. Dann aber hängt die Gesundung alles Gemeinschaftslebens wirklich von der Frau ab; dann muß diese Gesundung wirklich bei ihr beginnen. Dann kommt es wirklich vor allem auf sie an.

Ja, es liegt in erster Linie an ihr; es liegt daran, ob sie ihren eigensten Beruf, den tragenden Mutterberuf, ob sie das Priestertum der Frau, das heimliche, nichtamtliche, ehrfurchtbegründende Priestertum ausüben will oder nicht. Ob sie den Vorrang einnehmen will, der ihr zusteht, den Vorrang der Liebe, aber den Vorrang der Liebe allein, unbeschränkt und unbedingt, ohne Nebenforderungen. Will sie das, so wird die Familie und an ihr das Volk wieder gesunden. Will sie das nicht, so sind Schaden und Gefahr nicht abzusehen. Denn mit der Mutter steht und fällt das Wachstum und die Heiligung alles jungen Lebens.

Die priesterlichen Funktionen der Frau:
dienen, leiden, hoffen

Entsprechend ihrer Eingliederung in die menschliche Gemeinschaft ist die Frau besonders befähigt zur Bejahung des Dienstes, entsprechend ihrer Tragkraft zur Bejahung des Leidens, entsprechend ihrer Gottverbundenheit zur Bewahrung der großen Zuversicht.

Schon eine Seinsbetrachtung über den bloß natürlichen Bereich der Schöpfung hin hat sich als geeignet erwiesen, der Frau die wahre innere Würde des Dienens als Ausdruck der Liebe, seinen edlen Sinn, ja, seine stille, köstliche Macht klarzulegen und sie damit vielleicht von schwerer Seelenkrankheit, von Minderwertigkeitsgefühlen zu heilen, bittere Verkrampfungen zu lösen, an denen sie am allermeisten selbst zu leiden hat. Wie ein Frühling bricht in unseren Tagen nach einem schweren Winter des Irrtums die Lehre auf von der Gleichwertigkeit und Andersartigkeit der Frau dem Mann gegenüber, von der Bedeutung ihres Verborgen- und Verhülltseins, von ihrer Nähe zum Geheimnis, von ihrer Tiefenlagerung als tragendes Fundament der Menschheit, von der Unterordnung der daseinsbegründenden Frau unter den seinsformenden Mann. Die beste Überwindung der Aufkündigung des Dienstes, der „Emanzipation", wird in der Einzelseele freilich immer durch die Liebe geleistet werden: durch irdische und himmlische Liebe. Einer wahrhaft liebenden Frau ist die Einordnung als Unterordnung kein Problem mehr. Sie legt den festen Grund zur gesunden Familie durch ihr gottbezogenes, selbstvergessenes, liebemehrendes Dienen, das dem Mann Vorbild wird für seine Haltung gegen Gott, und den Kindern Wurzelgrund für Ehrfurcht und Gehorsam.

Untrennbar vom Begriff des Dienens ist der Begriff des Tragens: der Dienende trägt, der Tragende dient. Wer sich beugt, um zu dienen, der beugt sich, um zu tragen.

Woran die Menschheit am schwersten trägt, das ist das Leid. Man spricht davon, daß es „kaum zu ertragen", daß es „unerträglich" sei. Dennoch muß es ertragen werden.

Es erscheint als zweifellos, daß die Frau darin nicht nur vorangehen muß, sondern auch den größeren Teil auf sich zu nehmen hat. Das Leid ist der Frauennatur tiefer einverwoben als der des Mannes. Sie kann sich gar nicht anders entfalten, als im Bund mit Leid und Schmerz. Sie entfaltet sich ja nicht anders als in der Mutterschaft. Darf die Frau Kinder gebären, so muß sie durch den Schmerz hindurch. Bleiben ihr Kinder versagt, so trägt sie ihr Geschick als eine verborgene Wunde in sich, an der sie heimlich leiden muß, bis ihre Mütterlichkeit erlöst wird im Mitleidendürfen am Leiden anderer Mütter. Jungfräulichkeit, die sich das leibliche Muttersein aus gottbezogenen Gründen versagt, ist zum allerwenigsten ein Ausweg aus dem Leid; denn sie ist kein Zurückweichen vor der Mutterschaft; im Gegenteil. Die wahrhaft Jungfräuliche hat nur das seelische Leid des Mutterseins für sich erwählt, nur das Sorgen und sich Verbrauchen im Dienst anderer, und auf das Glück des Mutterseins verzichtet: auf die Liebe des Gatten, die Wärme des Heimes, das zärtliche Wiegen der eigenen Leibesfrucht.

Es gibt für die Frau keinen legalen Umweg um das Leid, nur einen Schleichpfad daran vorbei, und der führt über die Verkümmerung ihrer Natur zum Untergang des ihr anvertrauten Gutes, der Familie. Wo an Stelle der Leidenskraft die Leidensscheu überhand nimmt, wo Mädchen oder Frau ihr Genügen daran finden oder ihr Ziel darin sehen, auf die Enge des eigenen Ich begrenzt, so schmerzlos und genußreich wie nur möglich zu leben, da ist ein volles Frauentum schon der Natur nach nicht mehr gegeben. Jedenfalls ist seine heilige Tragkraft erlahmt, die ihren segensreichen Ursprung in dem Drang hat, zu stützen, zu helfen, mit allen Kräften zu lieben, auch um den Preis von Leid und Opfer.

Mutter sein heißt leiden. Die echte Mutter empört sich nicht dagegen. Ja, sie ist die Erste, die aus ihrem Muttersein heraus das Leid zu bejahen und zu überwinden vermag. Aus ihrer natürlichen Leidensnähe wird sie in der Familie und in der Menschheit zur Lehrmeisterin für die erhabene Kunst der Leidüberwindung.

Leid wird überwunden von der Liebe her. Liebe führt ins Leid hinein, aber sie führt auch aus dem Leid heraus, denn sie ist stärker als das Leid. Die Mutter weiß es, wenn sie die Beschwerden der Schwangerschaft und die Wehen der Geburt erleidet. Sie hofft jenseits dessen auf das neue Leben, auf das wärmste Glück. Dieses ihr Wissen und Hoffen führt sie als erste an die Ahnung heran, daß alles und jedes vergängliche Leid, wenn es nur recht gelitten wird, solchen Wehen vergleichbar ist, jenseits deren neues glückliches Leben erblühen will, so erkennt die Mutter das Leid als Kaufpreis für Seligkeit.

Wir sagten: Liebe ist Leidbezwingung. Liebe ist auch das Ja der großen Zuversicht. Eine christliche Familie muß sich als eine Familie von Erlösten fühlen. Christus hat nicht erlöst vom Leid, sondern durch das Leid. Der Erlöste muß felsenfest wissen um dieses Hindurch. Vor allem aber muß die christliche Frau unerschütterlich darum wissen kraft ihrer wesenhaften Bindung an das Religiöse und kraft ihrer Mutternatur. Jenseits der bittersten zeitlichen Sorge und Qual muß ihr ganz groß und tröstlich die Ewigkeit aufwärts ragen, die allein das wahre Maß für Schmerz und Freude ist. Ein Morgenrot der Himmelsseligkeit muß bis in die dunkelsten Nächte der Erlösten leuchten. Dieses Leuchten muß die Frau und Mutter priesterlich vermittelnd den Ihren widerstrahlen, wie der Mond unserer Erde das Sonnenlicht vermittelnd widerstrahlt. Sie muß die Not zur Schule des Betens machen, den Tod zur Schule des Glaubens. Sie muß eine große, klare, priesterliche Zuversicht im Herzen tragen und den Aufblick des Vertrauens nie verlernen, sei er so weh und stumm wie der Aufblick Marias zum Kreuz.

Aber auch der kleinen, zähen Mühsal des Alltags mit den Verdrießlichkeiten, die der Frauen eigenstes Kreuz bedeuten, darf ihr verantwortlicher Geist nicht in Vergrämung unterliegen. Das Licht muß brennen bleiben, wie es von der „starken Frau" berichtet wird! Eine mißmutige Hausfrau verliert ihre Kraft und gefährdet das Gedeihen der Ihren in ganz erheblicher Weise. Pax et gaudium! Friede und Freude müssen von ihr ausgehen, damit der Mann seine Heimstatt liebt und die Jugend in ihrer Nähe gedeiht.

Gewiß ist mit allen Waffen und mit größtem Eifer der Kampf gegen das menschenunwürdige Elend zu führen, an der ungezählte Familien kranken und sterben. Doch ihre wirtschaftliche Besserstellung allein genügt noch nicht. Sie muß begleitet sein von einem innerlichen Gesundungsprozeß, der vom Herzen der Familie ausgehen muß, von der Frau, die ihren Beruf, ihre Sendung erkannt hat und mit allen opferwilligen Kräften zu erfüllen strebt.

Die Sorge der Frau um das amtliche Priestertum

Damit die „Mitarbeit der Laien am hierarchischen Apostolat" sich geordnet vollzieht, bedarf es einer Gliederung, einer Führerschaft und Helferschaft, die in engster Fühlung steht mit der kirchlichen Hierarchie. Sie kommt zu Aufgabe und Tätigkeit auf dem Weg der Berufung und Sendung durch die kirchliche Autorität. Es war schon die Rede davon, welch einschneidendes, gewaltiges Ereignis dieses Berufen- und Gesendetwerden seitens der Hierarchie für die Frau bedeutet. Nun sei noch erwogen, daß sich daraus für sie ein ganz neues Stehen zum amtlichen Priestertum ergibt; denn der Priester ist nicht mehr bloß ihr Seelsorger, er ist auch ihr Vorgesetzter im Apostolat. Dieses neue Stehen der Frau zum Priester ist grundgelegt durch das Wort Mitarbeit und gekrönt durch das Wort Mitverantwortung. Und zwar erstreckt sich die Mitverantwortung nicht nur auf den Erfolg der Arbeit, sondern sie greift zurück auf die volle Entfaltung priesterlicher Wirksamkeit.

Diese ganz neue, ernste Mitverantwortung am Priestertum ist dem Laien überhaupt stark bewußt geworden. Dafür spricht etwa die überraschend schnelle, weltweite Ausbreitung des „Priestersamstag – Gedankens".

Das Beten und Opfern „Für Priester" war vor noch nicht langer Zeit eine Sonderaufgabe des Karmelordens, die auf die Intention der heiligen Theresia von Jesus zurückging. Dem Durchschnittslaien kam derlei kaum in den Sinn. Wer ließ eine heilige Messe „für Priester" lesen? Der Priester hatte seinen ungeheuren Gnadenbedarf sozusagen ganz aus eigenem zu decken. Ja, er hatte überdies noch einen Überfluß für seine Seelsorgekinder bereitzustellen, die sich seinem Gebet empfahlen. Wie er selbst mit seinem gewaltig schweren Amt zurechtkomme, daran dachte niemand.

War diese bloß passive Haltung an sich noch entschuldbar, so wurde sie unentschuldbar, sobald eine lieblose Kritik an den unvermeidlichen Mängeln dieses oder jenes Priesters laut wurde, ja, auch in gut gläubigen Kreisen. Würde statt jedes kritischen Wortes über Priester immer ein schlichtes Gebet für sie gesprochen, so wäre viel Heil damit gewirkt.

Wenn nun dieses erfreuliche Mitverantwortungsbewußtsein des Laien an einem heiligen, starken Priestertum noch weiter geweckt und vertieft werden soll, so muß dies ganz besonders von der Frau seinen Ausgang nehmen, deren Mitverantwortung eine unterschiedliche Aufgabe, der weiblichen Eigenart entsprechend, zu umfassen hat. Vielleicht wird diese Aufgabe klar, wenn einem eine grundsätzliche Norm für das Stehen der Frau zum Priestertum aufgefunden würde.

Von den großen Wirklichkeiten im Bereich der Übernatur ist es zweifellos die Gestalt des Gottmenschen, des ewigen Mittlers beim Vater, die Gestalt Christi, die in der Gestalt des Priesters am stärksten sichtbar wird. In seinem Rundschreiben über das Priestertum kennzeichnet Papst Pius XI. die Priester als „Menschen, die durch ihre amtliche Sendung Mittler zwischen Gott und den Menschen sind und aus der gänzlichen Hingabe an diese Mittlerschaft ihre Lebensaufgabe machen. Sie sind dazu bestellt, Gott öffentliche Gebete und Opfer im Namen der Gesellschaft darzubringen". – „Der Priester ist nach dem treffenden Ausspruch des heiligen Paulus zwar ein Mensch 'aus der Zahl der Menschen genommen', aber einer, der 'für die Menschen aufgestellt wird in ihren Angelegenheiten bei Gott' (Hebr. 5,1)."

Am besten faßt indessen jene andere paulinische Definition in kurzen, plastischen Worten das zusammen, was von der erhabenen Würde des christlichen Priestertums überhaupt in Worten ausgedrückt werden kann: „So betrachte man uns denn als Diener Christi und als Verwalter der Geheimnisse Gottes" (1 Kor 4,1). Im Anschluß an dieses Wort erklärt der Heilige Vater: „Der Priester ist Diener Jesu Christi: er ist also Werkzeug in der Hand des göttlichen Erlösers zur Fortführung seines Erlösungswerkes in seiner ganzen Weltweite und göttlichen Wirksamkeit, zur Fortführung jenes Lebenswerkes Christi, das die Welt umgestaltet hat. Ja, der Priester ist, wie man mit voller Berechtigung zu sagen pflegt, in der Tat 'ein zweiter Christus', weil er in der Person Christi seine Sendung fortsetzt: 'Wie mich der Vater gesandt hat, so sende ich euch' (Joh 20,21)."

So steht der ideale Priester in klarer Christusbezogenheit und Christusförmigkeit an seiner Mittlerstelle zwischen der Menschheit und Gott.

Welche Wirklichkeit aus dem Bereich des Lebens der Übernatur ist es nun, die im Wesen der christlichen Frau am stärksten sichtbar und wirksam werden soll? - Es kann kein Zweifel darüber herrschen, daß ihr die nächste Seinsregel und das formgebende Ideal in der Person der Gottesmutter Maria gegeben sind. Wie dort das Mittlertum der Berufsinhalt des Priesters, so ist hier das reine Magd- und Muttersein der Berufsinhalt jedes Frauenlebens. Die Parallele zwischen Priesterberuf und Frauenberuf läßt sich um so eher gültig durchführen, als dem Frausein an sich ein religiöser Sinn zukommt. „Nicht allein, daß die Kirche die Frau – jede Frau – in der Lehre vom Sakrament der Ehe mit sich selbst vergleicht, sie hat auch eine Frau zur Königin der Himmels erklärt, sie hat sie 'Mutter des Erlösers', 'Mutter der göttlichen Gnade' genannt. Freilich, sie hat mit diesen Aussagen nicht die Inkarnation des Weiblichen an sich gemeint, dies muß mit allergrößtem Nachdruck ausgesprochen werden, sondern sie hat nur die eine gemeint, von der es heißt: sie ist 'gebenedeit unter den Frauen'. Allein diese eine, wenn sie auch unendlich mehr ist als das Symbol des Weiblichen, so ist sie doch auch Symbol des Weiblichen: in ihr allein ist das metaphysische Geheimnis der Frau Gestalt, und darum faßbar geworden."[42])

Das Geheimnis der Frau fällt zusammen mit dem Geheimnis des Religiösen im Menschen überhaupt. Das deckt aber ihre ganz ungeheure Verantwortung auf diesem Gebiet auf, es enthüllt ihre entscheidende Rolle beim ersten Sündenfall, der sich ja zutiefst nicht in der sinnlichen, sondern in der religiösen Sphäre, nicht im Genuß der süßen Frucht, sondern im „wie Gott sein wollen" ereignet hat. Weil er sich aber in der religiösen Sphäre begeben hat, und der Frau das Religiöse in der Menschheit anvertraut ist, so bedeutet – wir folgen wieder Gertrud von Le Fort – der Sündenfall „im tiefsten den Abfall der Frau; er bedeutet ihn, nicht weil Eva den Apfel zuerst nahm, sondern weil sie ihn als Frau nahm. Die Schöpfung ist in ihrer weiblichen Substanz gefallen, denn sie fiel im Religiösen; darum schreibt die Bibel mit Recht Eva und nicht Adam die größere Schuld zu."[43]) Mit demselben Recht aber schreibt der Heilige Geist dann Maria das entscheidende Verdienst an der Aufrichtung der Menschheit zu: „In dem demütigen 'fiat', mit dem sie dem Engel antwortet, hängt das Geheimnis der Erlösung von der Kreatur her. Denn zu seiner Erlösung hat der Mensch Gott gegenüber nichts einzusetzen als die Bereitschaft der unbedingten Hingabe."[44])

Diese Bereitschaft, in der die Mitwirkung der Kreatur bei der Erlösung beschlossen ist, kann in der Menschheit nur gegeben sein, wenn sie zuerst in der Frau gegeben ist; und sie wird in der Frau gegeben sein, soweit diese wesenhaft marienförmig ist, das heißt, nicht sich selbst suchend, sondern an ihre frauliche Sendung hingegeben, bräutlich und mütterlich.

Sind nun so klar die Christusförmigkeit des Priesters und die Marienförmigkeit der Frau gefordert, so ergibt sich daraus mühelos die dritte Forderung, die für das Stehen der Frau zum Priestertum: die Frau muß zum Priester stehen wie Maria zu Christus.

Dieser Satz umschließt die volle Verantwortung der Frau für das Priestertum, die Mitarbeit der Frau am Priestertum, die Verklärung der Frau durch das Priestertum.

Die Verantwortung der Frau übertrifft nun noch bei weitem jenes allgemein erwachte Mitverantwortungsgefühl des Laien, von dem zuvor die Rede war. Sie ist eigentlich keine Mitverantwortung mehr, sondern Grundverantwortung: die Frau als Mutter hat das Priestertum zu tragen, sie hat es hervorzubringen, wie Maria Christus getragen und für diese Welt hervorgebracht hat.

In dem schon angeführten Rundschreiben über das Priestertum heißt es: „...der beste und natürlichste Pflanzgarten, aus dem fast wie von selbst die künftigen Blumen des Heiligtums keimen und erblühen müssen, ist immer die echt und tief christliche Familie. Die Mehrzahl der heiligen Bischöfe und Priester, 'deren Lob die Kirche verkündet' (Sir 44,15), verdankt die Grundlage ihres Berufes und ihrer Heiligkeit dem Beispiel und den Unterweisungen eines Vaters voll Glauben und mannhafter Tugend, einer keuschen und frommen Mutter oder überhaupt einer Familie, in der neben der Sittenreinheit die Liebe zu Gott und dem Nächsten als Königin herrschte." Nun ist es die Frau, der die Schaffung und Wahrung der glücklichen Wachstumsatmosphäre grundlegend anvertraut ist, wenn diese sich auch erst in der beispielhaften, formgebenden Gestalt des frommen Vaters vollendet. In Ausübung ihres verborgenen, nichtamtlichen Priestertums muß sie als erste durch ihre willfährige Unterordnung und ihren hilfsbereiten Gehorsam dem Mann gegenüber die religiöse Haltung vorleben und die große Ordnung der Liebe herstellen. Sie ist ja, nach einem Ausdruck des Rundschreibens „Casti connubii", die „stets wachsame Hüterin und Wächterin" und als solche vom Evangelium zur Höhe eines Thrones in der Familie erhoben. So hängt das Blühen des Priestertums zutiefst ab vom Gegebensein marienförmiger Mütter, die ihrer ganzen Seelenhaltung nach immer dazu bereit sind, Christus in die Welt zu gebären. In vielen Priestern lebt das Bewußtsein des leiblich und geistig aus echter Mutterkraft Gewordenseins zeitlebens dankbar lebendig. Es kann ihnen bei Ausübung ihres heiligen Amtes der Gedanke aufleuchten: „Nun predigt und wirkt meine fromme, sorgende, stille Mutter durch mich."

In diesen Lebensdienst teilen sich mit den zu leiblicher Mutterschaft Berufenen alle jene, die ihre wesentliche Mütterlichkeit geistig in die Sorge um Pflege und Erziehung auszuwirken vermögen. Ja, auch alle jene Frauen, die, in was immer für einem Beruf, mitschaffen an der Atmosphäre marianischer Mütterlichkeit, aus der Christus immer neu in die Welt geboren wird. So zeigt etwa die Mitarbeit an Priesterhilfswerken ganz besonders diesen marienförmigen Zug; denn sie kann in voller Mütterlichkeit und voller Jungfräulichkeit zugleich geleistet werden und zielt bei oftmals ganz verborgener Mittätigkeit darauf hin, Christus durch seine Priester in der Welt immer mehr sichtbar und wirksam zu machen.

Solches Apostolat ist im Grunde beispielgebend für jede Art des weiblichen Apostolates, also jede Art der Mitarbeit der Frau am Priestertum.

Diese Mitarbeit muß in ganz besonderer Weise deutlich werden lassen, daß der Apostel nie sich selbst sucht, sondern die Seelen für Christus. Sie muß daher eine ganz ausgezeichnete Vorliebe für alle namenlose, verborgene, undankbare, dienende Arbeit ausbilden, für den „Kärrnerdienst"; doch muß dieses Bild aus dem Bereich lebloser Materialverschiebung in den Bereich der Sorge um Lebendiges übertragen werden; beizubehalten ist das „Unrühmliche" solchen Dienstes. Das männliche Apostolat wird durch das Spielen des Geltungsdranges lange nicht so gänzlich verdorben wie das frauliche, denn das frauliche muß im Heroismus der vollen Selbstlosigkeit vorangehen. Tut es das nicht, so ist es wesentlich verfehlt. Tatsächlich nimmt man der Frau, und gar der apostolisch tätigen Frau, jede Ehrsucht viel schwerer übel als dem Mann, und das mit Recht. Denn sie übt damit Verrat an ihrer eigensten Sendung, an ihrer Marienförmigkeit. Das zeitlich menschliche Bild Marias ist in seinen Einzelheiten fast unzugänglich: „Es ruht gleichsam im Geheimnis Gottes verschleiert, um sich gerade dadurch in seiner religiösen Bedeutung auszuweisen; der Schleier ist das Symbol des Metaphysischen auf Erden. Er ist auch das Symbol des Weiblichen – alle großen Formen des Frauenlebens zeigen die Gestalt der Frau verhüllt."[45])

Will eine Frau gesehen und genannt sein, so hat sie nicht begriffen, um was es geht: Christus in die Welt zu bringen, nicht sich.

Jede weibliche Apostelarbeit muß jene Haltung Marias nachahmen, aus der sie bei der Hochzeit von Kana, von sich hinweg auf Jesus hinweisend ermahnte: „Tut, was Er euch sagt." (Jo 2,5).

Wer Christus in die Welt bringt, wer mithilft, daß er sichtbar und wirksam werde, der wird dann auch von Ihm überstrahlt und verklärt. Niemand ist von Seinem Licht so überstrahlt worden wie Maria, die sich auch heute, in ihren glorreichen Dogmen, nie um ihrer selbst willen erhebt, sondern nur um des Sohnes willen.[46])

Jeder demütige Dienst der Frau am Priestertum, als ein mütterlich magdlicher Dienst an Christus selbst, läßt sie teilnehmen an der Glorie Marias, der

Königin der Apostel. Nichts hindert uns an der Vorstellung, daß Maria nach der Herabkunft des Pfingstgeistes der Priesterarbeit der Apostel in der jungen Kirche noch selbst gedient hat, in einer Fortführung ihres erhabensten Mutteramtes, zu der sie ja vom Kreuz herab durch die Zueinanderweisung mit Johannes eigens berufen worden war. Aus solch verborgenem Dienst an den sichtbaren Stellvertretern Christi erhielt ihre königliche Herrschaft über die Apostel in der Verklärung einen noch köstlicheren Glanz. Wir können dieses ihr letztes Liebeswirken auf Erden unmittelbar aus ihrer Hand empfangen und weiterführen. Unsere Bischöfe und Priester tragen genau dieselben erhabenen Gewalten wie die Apostel und ihre ersten Helfer. Sie sind wie jene „Diener Christi und Verwalter der Geheimnisse Gottes". Sie haben wie jene die unausdenkbar hehre Macht über den Leib Christ, den sie auf unseren Altären gegenwärtig machen und, im Namen Christi selbst, als unendlich wohlgefällige Opfergabe der göttlichen Majestät darbringen. Sie haben auch wie jene – wir zitieren wieder das Rundschreiben – „noch eine andere hohe und erhabene Gewalt erhalten: nämlich die Gewalt über Christi mystischen Leib, die Kirche". Sie haben „die Vollmacht, die 'Gott – nach einem Wort des heiligen Johannes Chrysostomus – weder Engeln noch Erzengeln verlieh' [47]), die Gewalt der Sündenvergebung: 'Welchen ihr die Sünden nachlaßt, denen sind sie nachgelassen, und welchen ihr sie behaltet, denen sind sie behalten (Joh 20,23). Eine staunenerregende Vollmacht, die nur Gott zukommt, so daß selbst menschlicher Stolz nicht begreifen konnte, daß es möglich sei, sie Menschen mitzuteilen: 'Wer kann Sünden vergeben als Gott allein?' (Mk 2,7)". – Sie tragen das unauslöschliche Merkmal, das sie zu Priestern macht in Ewigkeit.

Wenn der Priester, so sagt der Heilige Vater, „die göttlich mächtige Wirksamkeit der Gnade mit seiner freien, persönlichen Mitarbeit begleitet, dann kann er in Kraft dieser Hilfen alle die schweren Pflichten des erhabenen Standes, zu dem er berufen wurde, würdig erfüllen und kann, ohne erdrückt zu werden, die furchtbare Verantwortung des priesterlichen Amtes tragen, die sogar die stärksten Helden des Priestertums erzittern ließ."

Ist der Priester wahrhaft ein „anderer Christus", dann kann ihm in dieser Welt das Letzte nicht erspart bleiben, das Mitgekreuzigtsein. Ebenso wird der wahrhaft marienförmige Dienst am Priestertum Christi notwendig zur letzten Tiefe marienförmigen Dienstes führen müssen: zum Stehen unter dem Kreuz. Das Mittragen des schweren Kreuzes, das dem Priester in dieser Welt auferlegt ist, das Mitleiden des Heilandstodes im Mitgekreuzigtsein, das vollendet erst den heiligen Hilfsdienst, den die Frau leisten soll und nur in der Gefolgschaft Marias zu leisten vermag.

Möge der mütterlich-magdliche Geist der Königin der Apostel uns Frauen immer tiefer und reiner erfüllen und mit diesem marienförmigen Geist zugleich eine rechte, wirksame Sorge um das heilige amtliche Priestertum, um diesen erhabensten aller Berufe, dessen Bestehen uns eine Gewähr dafür ist, daß wir Menschen alle dem unfaßbar hohen Ziel der Gottvereinigung bestimmt sind; denn dahin sollen uns die Priester Führer sein.

Durch Maria und marienförmig priesterliche Frauen möge Gott sein heiliges Amtspriestertum immer herrlicher erblühen und erstarken lassen.

Die Sorge des Priesters um die Frau

Über der persönlichen Begegnung des Gottmenschen mit dem Frauengeschlecht in seinen unterschiedlichen Vertreterinnen liegt eine eigenartige Harmonie, eine seltsame Leichtigkeit des Verstehens, auch vom Menschen her, eine Zartheit und Sicherheit im Empfinden, im Geben und Nehmen der großen Liebe, die bis in letzte Dunkel hinein ihren reinen Schimmer wirft. Niemals hat der Meister, der gegen Männer so hart und bitter werden konnte im Flammen heiligen Zornes und in schneidender Führung des Geisteskampfes, je ein scharfes Wort zu einer Frau gesagt. Wo er eine leise Mahnung gibt, ist sie fühlbar von Güte getragen, von Mitleid umhüllt.

Jesus hat eine planmäßig intensive Frauenseelsorge ausgeübt, die sich während der Zeit seiner öffentlichen Tätigkeit gut verfolgen läßt. Sie unterscheidet sich wesentlich von seiner Männerseelsorge und muß sich von ihr unterscheiden. Die Sündenkrankheit der Frau ist ja eine andere als die Sündenkrankheit des Mannes, also muß auch die Heilmethode des himmlischen Arztes, die Lehrmethode des himmlischen Pädagogen ihr gegenüber eine andere sein.

Die Sünde der Frau ist verirrte Liebe – Liebe im Vollsinn des Wortes, nicht Eros allein! –, die Sünde des Mannes verirrter Geist. Durch die Schuld der Frau wird die Liebe an den Genuß, durch die Schuld des Mannes der Geist an die Faust versklavt. Letzten Endes muß aus der Heilung hier wie dort die Liebe erblühen, das Band der Vollkommenheit, Mensch und Gott, Mensch und Mensch erlösend zu umschlingen. Bei der Frau kann diese Heilung unmittelbar erfolgen: ihre Liebe ist krank, sie wird an der heiligen Liebe des Gottmenschen heil. Beim Mann kann sie nur mittelbar erfolgen: auch seine Liebe ist krank, doch als Folgeerscheinung des an Selbstherrlichkeit erkrankten Geistes. Erst ist der verirrte Geist zu heilen, als das große impedimentum caritatis – das Hindernis der Liebe. Er wird am heiligen Geist Jesu heil, an dem er seine Demut findet.

Es geht anders zu, wenn Geist gegen Geist, als wenn Liebe gegen Liebe steht. Die größere Liebe nimmt die kleinere in sich auf, und es kommt zur Einigung. Der größere Geist aber kann den kleineren nicht in sich aufnehmen, solange dieser an Selbstherrlichkeit krank ist, weil er dieser Aufnahme widersteht. So kommt es zum Kampf. Jesus hat den mit äußerster Schärfe geführten Kampf so entschieden, daß er die letzte Waffe verirrten Geistes, die Faust, über sich Herr werden ließ, um so zu zeigen, daß der Geist durch die Faust nicht besiegbar ist, daß er zuletzt um so herrlicher triumphiert, je ohnmächtiger die Faust gegen ihn gewütet hat. So bekommt der Geist eine neue Freiheit, deren er sich zuvor gar nicht bewußt war, und die letzten Dinge sind für ihn kraft der entscheidenden Gottestat unendlich schöner als die ersten.

Mit der Frau als solcher hat Jesus diesen Kampf nicht zu bestehen. Wohl gibt es auch Frauen, deren selbstherrlicher Geist ein impedimentum caritatis ist, doch das liegt nicht an ihrem Frausein, sondern im Überwiegen der stets mitgegebenen männlichen Gegenkomponente in ihrer Persönlichkeit. Hier aber soll eben dieses Frausein in bewußter Abgrenzung dargestellt werden, um die unterschiedlichen Prävalenzen durch Überbeleuchtung studienhalber herauszuarbeiten. In Wahrheit gibt es auf diesem Gebiet keine Ausschließlichkeiten, und ein individueller Mensch ist niemals Mann oder Frau in Reinkultur ohne polare Gegenwerte. Nirgends ist ein glatter Schnitt hindurchzuziehen: hier Geist, hier Liebe. Ist doch der Geist Träger der Liebe, und eine starke Liebe setzt einen starken Geist voraus. Der Geist ohne Liebe, Satan, ist in den Fesseln des ewigen Todes. Im Leben aber gibt es weder Geist ohne Liebe noch Liebe ohne Geist.

Die Erbsünde ist nun, ausdrücklich sei es gegen jeden Anklang eines manichäischen Irrtums betont, im Wesen nicht geschlechtliche Sünde; sie ist eine Tat des Ungehorsams aus Hochmut. Dennoch ist sie durch die frauliche und männliche Eigenart der beiden Handelnden bis in die Motivation hinein bestimmt. Diese Eigenart wirkt sich auch weiter in der persönlichen Sünde aus. Die Frau greift, sowie sie Frau ist, aus dem Hochmut verirrter Liebe nach der verbotenen Frucht, um für den geliebten Mann „wie Gott" zu sein und den geliebten Mann „wie Gott" zu machen. Die Liebe der Frau geht auf die konkrete Person, hinter der ihr der unsichtbare Vatergott verschwand. Sie hat sich, zunächst religiös vom Geist her gesehen, total an Adam hingegeben, was bei der Vollkraft ihrer noch reinen, unverletzten Liebe eine Wendung von ungeheurer Wucht bedeutete. Seither ist ihre Liebe verirrt, und ihr seltenes gnadenhaftes Heimfinden zum persönlichen Gott beleuchtet nur um so tragischer die allgemeine Versklavung an die Kreatur.

Die Frau gibt sich total an den, der nicht geschaffen und befähigt war, ihre totale Liebe anzunehmen, an den Mann. Er sollte Mittler sein, Christusvorbild, priesterlicher Treuhänder des kostbaren Gutes fraulicher Liebe mit einem gottgewährten rechtlichen Anteil daran, so wie jeder Altar Anteil hat an dem Opfergut, das er vor Gott trägt. Die Frau fügt ihm furchtbares Unrecht zu, da sie ihn nicht als den Mittler, sondern als Gott sehen will. Sie gibt ihm in ihrer totalen Liebe, ihrer „Anbetung", etwas, das er nicht fassen und nicht nützen kann. Der Mann aber tut seiner Gefährtin wieder Unrecht an, da er in der Selbstherrlichkeit diese Huldigung annimmt, als ob sie ihm zukäme und gebührte. Er nimmt die Frucht, die Eva ihm reicht, damit er „wie Gott" sei, weiß aber mit ihr nichts anzufangen, als sie, wenn auch in der sublimen Weise des noch in geistgeführter Harmonie bestehenden Paradiesesmenschen, zu genießen. Er ahnt nicht, daß die Frucht auch Fruchtbarkeit enthält, die im Genuß stirbt. Wie mit der Frucht, so weiß er auch mit der totalen Liebe der Frau nichts anderes anzufangen, als sie zu genießen. Damit läßt er das Tiefste, Reinste, Schönste dieser Liebe unbeachtet und unerlöst. Genuß der Liebe, das ist doch bloß das oberste Lichterspiel aus den Strahlen göttlicher Seligkeit über den Wellen eines tiefen Meeres voll heimlicher Lebensfülle. Eva aber, die zu Adam verblendet wie zu ihrem Gott aufsieht, freut sich, daß er die dargereichte Frucht annimmt und genießt. Sie, die von ihm geführt werden soll, zieht daraus mit kindlich-gläubigem Gemüt die Lehre: Genuß sei Wesen und Ziel aller Köstlichkeit dieser Welt, ihrer Früchte und ihrer Liebe. Da läßt sie sich um des Genusses willen lieben und liebt selbst auch um des Genusses willen. All die reichen Schätze ihrer Tiefe bleiben ungehoben, unerlöst. Da der Mann mit ihrer Liebe außer dem Genuß nichts anzufangen weiß, so weiß sie auch selbst nichts anderes damit anzufangen. So wäre die heilige Flamme in den Lüften bald erstickt. Heute reicht vielfach der Begriff des „Genießens" über die bloße Sinnenhaftigkeit, die an der Erbsünde nur ihren angemessenen Anteil hatte, kaum mehr hinaus. „Genießen" ist für die meisten identisch mit „sinnlich genießen".

Gott aber läßt die Gattin Mutter werden. Die Strafsanktion: „In Schmerzen sollst du Kinder gebären!" war eine Heilmaßnahme für die Liebe. Im Schmerz tut sich ein Tor auf zur Errettung aus der Versklavung an den Genuß. Die Wehen der Geburt, alle Last und alles Leid des Muttertums sind wie ein feiner Filter, der die Frauenliebe wieder läutert, sind wie ein starker Bogen, der sie wieder spannt zu reinem Ton, sind wie ein Ruf, der sie weckt, wie ein Trunk, der sie stärkt, wie ein Segen, der sie wieder gotteswürdig macht. Im Muttertum, geistig und leiblich, wird die Gattenliebe wieder gottbezogen, keusch behütet, bräutlich entfaltet und mit Fruchtbarkeit gekrönt. Die mütterliche Frau, auch die kinderlose, ist Mittlerin dieser geretteten Liebe an den Mann. In der Selbstlosgikeit und Opferfreudigkeit wahren mütterlichen Frauentums nimmt die Liebe ihren Aufschwung zu Gott. Sie wird nicht untergehen in den Daunenkissen des Genusses; sie wird immer neu am Leid sich stählen, erheben und leben! – Und doch ist ihr Leben ein krankes und unerlöstes, ehe nicht Christus kommt, der ewige Mittler, Gott und Mensch.

Der zweite Adam steht nun vor der Frau als konkrete Person, wie der erste Adam vor ihr gestanden ist. Er aber ist imstande, ihre totale Liebe anzunehmen und auszuwerten, Er weiß sie richtig zu fassen. Er macht sie ganz frei von der Knechtung unter den Genuß. Er schließt all ihre Tiefen auf und hebt ihre Schätze bis auf den Grund. Er macht sie unüberwindlicher noch als den Geist. Der Geist triumphiert über die Faust, die Liebe aber über sich selbst. Geist sagt zur Faust: Du kannst mich nicht treffen! Liebe aber sagt zur Liebe: Ich gebe dich hin um der Liebe willen! Der Geist triumphiert: Ich sterbe nicht! Die Liebe aber seufzt: Ich sterbe aus Liebe. Der Geist kennt den Tod nicht. Die Liebe aber kennt ihn und liebt ihn, und da sie den Tod liebt, wird er Leben! Der Geist ist unverwundbar; die Liebe aber verblutet aus tausend Wunden und hat ihren schönsten Sieg im letzten Tropfen hingegebenen Blutes, das die Erde trinkt: denn Liebe ist mehr als Leben. Der Mann steht vor Christus und sagt: O du Licht, du Licht meines Geistes! Die Frau sinkt vor ihm in den Staub und sagt: O du Liebe, du Herz meiner Liebe. Sie hält Ihn und läßt Ihn nicht; denn sie hat in Ihm die konkrete Person, der sie ihre totale Liebe schenken darf, und sieh, diese Liebe geht nicht unter, sie wird ganz rein, ganz tief, ganz frei von den Ketten des Genusses. Sie kehrt heim aus der Verbannung, sie kann ruhen, und sie hat Raum, unendlichen Raum, sie, die wundgestoßene, müdgejagte, abgewiesene, geschändete, heimatlose Liebe. Mit gutem Grund ist die erste Begegnung der Frau mit Christus nicht die Begegnung der bräutlichen, sondern der mütterlichen Liebe. Der erste Glanz der sichtbar gewordenen Gottesliebe strahlt vom Kind auf das herabgebeugte Antlitz der Mutter empor. Der Widerstrahl ist um so klarer, als die Liebe dieser jungfräulichen Mutter ganz heil war von Anbeginn, total hingegeben an den, der sie total entgegennahm, an den unsichtbaren persönlichen Gott. Nun durfte diese gnadenhaft bewährte Liebe als erste die Seligkeit der totalen Hingabe an den konkret gegenwärtigen, nicht nur zuhöchst liebesfähigen, sondern auch liebesbedürftigen Gott in Kindesgestalt erleben. Die Mutterliebe erhält ihren zarten Lohn für ihr rettendes Leiden den ganzen langen Menschheitsadvent hindurch.

Schon in früher Kindheit flieht Jesus vor den schwertführenden Fäusten herodianischer Soldaten und findet Schutz in den Armen Seiner Mutter. Seine Kindheit steht in Ehrfurcht vor dem reinen Frauentum, das Seiner Ohnmacht ganz zu Diensten ist und darin sein schönstes Glück findet, das Glück der selbstlosen Liebe. Jesus hat sich gewürdigt, von Seiner Mutter das Reden und Gehen zu lernen; Er hat sich auch gewürdigt, im Umgang mit ihr zu lernen, wie man Frauen gegenübersteht. Wenn die Art seiner Gleichnisse Kindheitserinnerungen an die ländlichen Verhältnisse zu Nazareth widerspiegelt, so ist die Art seiner Frauenseelsorge geformt durch die Umgangsweise, die Ihn Seiner Mutter verband. In jeder Frau, die Ihm begegnet, auch in der elendesten, ehrt Er Seine Mutter. Alles im Leben Jesu ist gültiges Vorbild. Auch der Frauenseelsorger wird in der Regel nicht ohne seine Mutter geformt. So wie der Knabe ihr, kraft ihrer mütterlichen Kraft und Demut, ehrfürchtig und frei gegenüberstehen durfte, so wird der Mann jeder Frau gegenüberstehen zu wissen. Ein Priester, dem das marianische Muttererlebnis in seiner Kindheit und Jugend nicht vergönnt war, wird es ungemein schwer haben und es nur mit außerordentlicher Gnadenhilfe fertig bringen, die rechte Haltung eines Frauenseelsorgers zu finden.

*

Wie übt nun Jesus die Frauenseelsorge im einzelnen aus?
Er ist noch gar nicht lange belehrend unterwegs, da widmet Er sich einer ganz gewöhnlichen Frau mit so eingehender Sorgfalt, daß die Frauenseelsorge aller Zeiten und Völker davon ihren Antrieb und ihre Form finden könnte. Es ist am Jakobsbrunnen (Joh 4,1-42). Die Frau, der seine Priestersorge gilt und die für Unzählige da steht, ist die landläufige Sünderin aus verirrter Liebe. Nicht nur darin, in ihrem ganzen Wesen ist sie typisch fraulich: am Konkreten haltend, persönlich hilfsbereit, interessiert, Wahrheit intuitiv erfassend, mitteilsam, selbstlos und endlich: liebend, liebend. Und wie weiß Jesus diese an sich dankbare Natur zu nehmen und zu heben! Er steigt ganz tief zu ihr hinab, auf die Ebene des Wasserholens für den bedürftigen Leib. Dann führt Er sie in meisterhafter Art von Stufe zu Stufe über ihre Gewöhnlichkeit empor, schließt ihre Seele auf, heilt sie, begnadet sie und entläßt sie umgewandelt: mit einer großen, reinen, heimgekehrten Liebe. Aus dieser Liebe wurde sie, die vielleicht mit sechs Männern unfruchtbar geblieben war, Mutter einer ganzen Stadt. Und worin liegt das Geheimnis dieses Erfolges? In der persönlichen Liebe des Gottmenschen, die Sein ganzes Tun und Reden bestimmt und trägt. Auf diese reine, große, göttliche Liebe gab die innerste Sehnsucht der Frau die Antwort echter Ergriffenheit.

Aus derselben Liebe bemüht sich Jesus nicht lange zuvor in der Nacht um Nikodemus. Da sitzt Ihm gegenüber ein kluger, gelehrter Mann, ein intellektueller Grübler. Um ihn zu fesseln, geht Jesus von der Höhe geistiger Wiedergeburt aus. Nikodemus aber versagt und zieht diese sublime Wahrheit herab in die Niederungen des Begriffes körperlicher Geburt. Jesus mußte ihn die Ohnmacht seines Geistes fühlen lassen. Anders lehrt er die Frau, die sich nicht einmal für eines Blickes würdig gehalten hatte. Um sie zu fesseln, geht Er vom konkreten Wasserschöpfen aus und führt die willig Folgende über das anfängliche Mißverstehen hinaus verhältnismäßig leicht zu den Höhen geistiger Wahrheit empor. Wir ahnen, wie Jesus den erlösten Menschen zur Vollpersönlichkeit erziehen will, da Er einer schlichten Frau, die jeder Geistesbildung für unwert gehalten wurde, nicht weniger als die Lehre von der „Anbetung im Geist und in der Wahrheit" übergibt, während Er die Mannesnatur bereichern und entfalten will durch frauliche Ergänzungswerte: von den Jüngern verlangt Er nicht weniger als mütterlichen Sinn für das Kind (Mt 18,1-11; Mk 9,36-37; Lk 9,47-48) und Dienst am Leben (Mt 20,28; Mk 10,45; Jo 13,1-17).

Das Verhalten Jesu gegen die Samariterin ist dem Frauenseelsorger ein unvergleichliches Lehrstück. Seine Nachahmung nimmt ihm alle geistige Geringschätzung, als wäre es nicht der Mühe wert, an irgendeine Frau Wahrheiten heranzutragen, die sie spekulativ doch nicht erfassen kann. Freilich redet Jesus zu ihr schlicht und klar; so wie Er ja am liebsten redet, wenn die Demut derer, die Ihn hören, Seiner Liebe und Seiner Lehre kindlich Raum gibt. Wieviel Schatten wirft dagegen oft der Widerstand der Pharisäer in Seine Streit- und Drohreden! - Mit dem Verstand kann die Samariterin wohl einiges von der gewaltigen neuen Lehre im Umriß erfassen, einiges nicht. Doch über den Verstand hinweg klingen die feierlich ernst und ruhig gesprochenen Worte in alle Tiefen ihres Gemütes und wecken die große Sehnsucht, die sie mit ihrem Anteil am Blut Israels geerbt hat, die Sehnsucht nach dem Messias. Ihn ersehnt sie als den, der „uns alles verkünden" wird; doch nicht, damit wir „alles wissen", sondern damit sich die letzte Frage löst. Wohin mit unserer Liebe? Nach dem Berg Garizim oder nach Jerusalem?...Durch den unmittelbaren Eindruck der Person Jesu ist in ihrer Seele das richtige Dürsten nach dem „lebendigen Wasser" so entscheidend aufgebrochen, daß Jesus das Höchste wagen kann: sich selbst zu offenbaren, wie Er sich noch niemandem, auch nicht den Jüngern, geoffenbart hat: „Ich, der mit dir redet, bin es." – Eine gnadenvolle, ganz reine Freude mag die Seele der Frau durchströmt haben, sobald sie das Wort nur einigermaßen begriff. Und sie glaubte, glaubte mit aller Kraft ihrer glaubensstarken Seele; glaubte, um lieben zu können. Doch auch Jesus war voll heiliger Freude; es beglückte auch Ihn unsagbar, sich so offenbaren zu dürfen.

Nicht nur Empfängerin, auch Künderin der Wahrheit darf die Frau sein. Jesus hat ihr selbst die Frohbotschaft in den Mund gelegt, und Er sieht mit bewegtem Gemüt der Schar entgegen, die Ihm die erste Missionarin zubringt. Er macht die Frau zu Seiner Mitarbeiterin, und sie taugt wirklich dazu, weil Er ihre Liebe aus der Verirrung und Spaltung zur Wahrheit und Einheit erlöst hat. Sie taugt so sehr, daß sie, der weiblichen Empfindlichkeit ungeachtet, die Demütigung seitens der Männer, die nicht bloß „auf ihr Aussage hin" glauben wollten, schweigend erträgt.

An schweren Belastungen der sündigen Natur läßt es Jesus den Frauen gegenüber keineswegs fehlen. Die härteste Glaubens- und Demutsprobe legt Er Seiner Mutter auf, so daß der oberflächliche Betrachter fast Nicht-achtung herauszulesen glaubt. Und doch ist die Abweisung von Kana (Jo 2,4) oder die Zurücksetzung vor denen, die Ihm „Mütter, Brüder und Schwestern" sind (Mt 12,48-50), nur wirksame Handreichung zur Stärkung und Offenbarung der großen Demut und Liebe. Wie schwer belastet Er auch die Demut und das Vertrauen der kanaanäischen Frau! (Mt 15,21-28). – Nicht darin darf die Schonung der Frau liegen, daß man ihr nichts zumutet. Hat Jesus Seiner Mutter nicht zugemutet, inmitten des wüsten Pöbels Seinem Kreuzweg zu folgen und unter dem Schandholz zu stehen?...Nur muß die Frau immer begreifen können, daß es um Liebe geht; und zwar um die volle, äußerste, aus der Sklaverei des Genusses befreite ganz reine Liebe. Wenn sie das begreift, dann hält sie stand; dann wächst sie an der Prüfung; dann ist ihr nichts zu hart und nichts zu schwer, wie es die Märtyrinnen beweisen. Auch die äußerste Verachtung trägt sie dann mit einem stillen Lächeln: denn die Liebe weiß es besser, sie dringt der rauhen Prüfung auf den liebevollen Grund.

Die erste Heilung, die Jesus an einer Frau vollzieht, ist die an einer Fiebernden (Mk 1,27-31). Und wirklich ist die Fieberkrankheit das beste Symbol für das Leid verirrter Liebe, deren Glut ins eigene Herz zurück-schlägt. Sie wird am falschen Objekt zur schwelenden Leidenschaft, die fruchtlos die Kräfte verzehrt und das Herz verschmachten läßt nach der reinen Kühle wahrer Erfüllung. Jesus tritt zu der Kranken hin, Er neigt sich über sie und faßt ihre Hand. Die Frau heilt Er nicht aus der Ferne, wie den Knecht des Hauptmannes, denn sie bedarf der persönlichen Berührung. Diese gottmenschliche Hand, voll Macht und Güte, zieht die gefangene Glut an sich, bahnt ihr einen Weg, macht sie frei und hell und ruhig. Diese

Hand richtet die Kraftlose auf, so daß sie Auge in Auge zu ihrem Arzt kommt. Das Fieber verläßt sie, und ihre Schwäche wird zur Kraft. Sie steht auf und dient. Dienst an Jesus ist die stumme und doch so beredte Sprache geheilter Liebe.

Der Blutfluß, eine Frauenkrankheit, ist Sinnbild nutzlos vergeudeter Lebenskraft der aus dem sinnvollen Rhythmus göttlicher Planung gerissenen Natur. Die daran Leidende zieht durch gläubige Berührung des Gewandsaumes Jesu die göttliche Gegenkraft in ihren armseligen Leib, der an seiner Schwäche immer schwächer wird. Von da ab ist er wieder stark genug, sein Lebensblut zu bewahren (Mt 9,20-22).

Um die gekrümmte Frau aus Seinem großen Mitleid sofort, am Sabbat noch emporzuheben, zieht Jesus den Zorn der Pharisäer auf sich (Lk 13,11-16). Wie viele Frauen können unter dem Druck ihrer versklavten Liebe den Himmel nicht mehr sehen!

Welch schwere Fälle von Besessenheit Jesus an Frauen heilte, das ahnen wir aus der Andeutung über Maria Magdalena, aus der sieben böse Geister ausgetrieben werden mußten (Lk 8,2). Wie aus Zartgefühl geht kein Evangelist näher darauf ein. Es ist sicher, daß die preisgegebene Frau auch dieser Gefahr aufs höchste preisgegeben ist. Darum behält sie Jesus dann auch gern in Seiner Obhut. Den geheilten Gerasener entläßt Er trotz seiner Bitte, bleiben zu dürfen. Den geheilten Frauen verwehrt Er die Gefolgschaft nicht (Lk 8,2). Er weiß, wie sehr ihre erlöste Liebe danach verlangt, Ihm ganz persönlich dienen zu dürfen; Er weiß, was den Geheilten die persönliche Bindung an Ihn bedeutet und wie Er ganz und gar der Quell ihrer Kraft geworden ist, dem Bösen künftig zu widerstehen. Sie können nicht mehr leben, ohne für Ihn zu leben. Und so gewährt Er, daß sie bei Ihm bleiben und Ihm mit ihrem Vermögen dienen dürfen.

Das gleiche tiefe Verstehen fraulicher Psyche bewegt Ihn dazu, die nach männlichen Begriffen übertriebenen Liebeserweise der Frauen, wie etwa die der Sünderin im Haus des Pharisäers (Lk 7,36-40) oder Marias zu Bethanien (Mk 14,3-9), nicht nur gewährenlassend anzunehmen, sondern sie zu loben, zu verteidigen, als Beispiel den kaltherzigen Pharisäern vorzuhalten. - Tränen sind heilig, seitdem Jesus selbst geweint hat. Tränen sind die aufsteigende Salzflut des Meeres der Bitterkeit, das die Ufer gottgetrennter Menschheit umspült. Die Frau ist bei größerer Schuld und härterer Strafe mehr dem Wellenschlag dieser Fluten ausgeliefert, sie spielen ständig durch ihr leicht bewegliches Gemüt. Was Wunder, wenn die Augen oftmals überströmen? Dieses Überströmen ist eine Gnade, die Gott zur Linderung gewährt. Wie sollte Jesus diese Linderung behindern, wenn eine Sünderin zu Seinen Füßen ihre Liebesreue ausweint?...Die Frau, deren verirrte Liebe sich zum Unheil auf sich selbst zurückgezogen hat, mißbraucht egoistisch alles Heilige, auch die Tränen. Doch sie bleiben heilig, und der lieblichste Tau auf den Bumenbeeten des himmlischen Jerusalem mag sich aus den vielen tief und still geweinten Frauentränen um der Liebe willen sammeln. Auch der Seelsorger muß Ehrfurcht haben vor dem Weinen der Frau, wo es das Weinen der Liebesreue und des Mitleids ist. Er muß freilich kämpfen gegen die Gewohnheitsträne, die billige, kleinliche, egoistische und eigenwillige Träne und sich gar hüten vor der gefährlichen heuchlerischen Träne, dem Verführungsrequisit der Hexe aller Zeiten als dem Werkzeug Satans.

Der rechte Seelsorger wird aber, gleich Jesus, auch verstehen, daß die Frau, wo sie liebt, verschwenden, den Zauber des Überflusses über die Nüchternheit des Tages ausgießen will: nicht nur die Füße des Geliebten gegen das Wundsein salben, sondern sie so salben, daß das ganze Haus durchduftet ist; dem Salbengefäß nicht nur das Nötige entnehmen, sondern es über den Füßen des Einen zerbrechen und bis auf den letzten Tropfen leeren: totale Hingabe. Die Apostel, nicht nur Judas, ärgerten sich daran, ja sie „entrüsteten sich über sie". Jesus aber schützt ihr Tun mit den gütigsten Worten und verheißt ihr für die geschmähte Liebestat die Dankbarkeit der ganzen Welt (Mt 14,3-9).

Seine auffallende Milde gegen die Frau als Frau, ob sie nun ihrer Eigenart nach gesündigt oder ihrer Eigenart nach Gutes gewirkt hat, mag Seine Feinde bewogen haben, Ihm die Ehebrecherin vorzuführen, um „Ihn auf die Probe zu stellen" (Joh 7,53-8,11). Wie arbeiteten die Böswilligen der Güte Gottes in die Hände, als sie das elende gefallene Geschöpf „vor Ihn hinstellten", vor Ihn, dessen erster Blick schon die Menschenwürde wiedergab, dessen zartes, kluges Verhalten die wilde Angst beruhigte, dessen sichere Überlegenheit Vertrauen schuf und dessen freisprechendes und doch zutiefst verpflichtendes Mahnwort Zug um Zug ihre kranke Liebe gefangennahm, bis sie heil in Seiner Liebe ruhte. Nichts meldet der Evangelist über das Verhalten der Angeklagten; doch in dem, was Jesus tut und sagt, spiegelt sich ihr ganzes Elend und ihre ganze Wandlung: hoffnungslose Verzweiflung, zages Aufhorchen, Aufleben, Reue, Bekehrung und Ganzhingabe an den Herrn. Nur wenn sie so überwunden und befriedet vor Ihm stand, konnte Er sie mit dem knappen Wort des Vertrauens entlassen: „Auch ich verurteile dich nicht. Geh hin und sündige nicht mehr".

„Frau", redet Er sie an. Auch Seiner Mutter gibt Er in großen Augenblicken nur diesen einen Titel, der den vollen Akkord der jungfräulich – bräutlich

– mütterlichen Wertdreieinheit umfaßt: Frau. Es ist Ihm wesentlich, daß sie als Frau am Beginn Seines öffentlichen Wirkens zu Kana und am Ende auf Golgatha mittätig in Erscheinung tritt. Sonst redet er Frauen wohl auch mit Namen an, wenn er sie auch nie mit Namen beruft gleich den Aposteln. Martha und Maria, die Ihm befreundeten Schwestern, redet Er vertraut persönlich an. Solch eine Anrede ist überliefert in der Zurechtweisung Marthas wegen ihrer unruhigen Übersorge, die uns zeigt, wie auch die helle, heimgekehrte Liebe der erbsündigen Frau noch in den Mitteln zu irren weiß. Doch der Namensanruf, der jede Frau mitten ins Herz trifft und sie hochreißt und gefangennimmt, das ist der verhalten- und doch vollklingende Ruf des Auferstandenen, der Anruf jener Frau, die an Seinem Grab fast blind und sinnlos geworden war vor Weinen, der Ruf „Maria!"...Ein Erkennungsruf, ein Verheißungsruf, ein Erfüllungsruf. Gott hat es in Ewigkeit gefügt, daß auch sie Maria hieß, obwohl sie sündigte mit der tiefsten Frauensünde: aus verirrter, an die Lust versklavter Liebe. Schon ihre Tränen waren rein gewesen; ihr Jubel strahlt mit dem Strahlen der Allerreinsten, Maria. Deshalb darf sie im Ungestüm der Freude die Füße Jesu neu umfassen, wenn auch noch nicht für immer: „Halte mich nicht fest, denn ich bin noch nicht zum Vater aufgefahren!" (Joh 20,17). Mit diesem kleinen Verbot ist die größte Verheißung gegeben: das ewige, untrennbare Festhalten des zum Vater Aufgefahrenen! Mehr braucht die Frau nicht an Verheißung. Dantes Paradiso ist eine männlich reichgegliederte Symphonie von Licht und Schönheit; Maria will im Himmel den Meister festhalten können, sonst nichts; sie wird es dürfen, da Er selbst es verheißt.

*

Nun aber macht gerade das, was dem gottmenschlichen Erlöser die Frauenseelsorge so vereinfacht, dem menschlichen Priester die gleiche Aufgabe so schwer. Was der Gottmensch nämlich tun durfte, die verirrte Liebe der Frau sammeln und auf Seine Person ziehen, gerade das darf der Priester nicht tun. Er darf nur der reine Mittler dieser Liebe sein. Die Reinheit des Mittlertums besteht in der unberührten Weitergabe. Der Mittler darf das zu vermittelnde Gut für sich nicht angetastet haben. Diese Forderung ist an den Priester gestellt, der vermittelnd zwischen Frau und Gott steht. Sie muß an ihn gestellt sein als Priester und als Mann. Adams Schuld war es ja, daß er die totale Liebe Evas angenommen hat. Er wäre noch mit der Frau und der Welt gerettet worden, wenn er der Liebe mit der süßen Frucht, die sie ihm bot, zu Gott emporgehoben hätte. Das Licht seines Denkens hätte dem Irrtum ihres Fühlens die Wege weisen müssen. Er ist indessen aus Selbstherrlichkeit der Verdunkelung erlegen. Evas Verführung war eine abgöttliche Huldigung an den Geliebten, den sie „wie Gott" machen und dem sie eine Göttin als Gefährtin geben wollte. Adam hat eingewilligt und sich zum Abgott machen lassen. Die Sühne- und Befreiungstat des Priesters muß nun den Ausgleich schaffen, indem er als Mann die Liebe der Frau völlig unangetastet zu Gott emporhebt, auch nicht das für sich behaltend, was Gott dem Mann als beglückenden Anteil überlassen hat. Er könnte dieses ideale, reine Mittlertum nicht verkörpern ohne die sakramentale Kraft des Ordo. Mit dieser Kraft aber kann er es. Schwer gemacht wird es ihm nicht nur durch die eigene, nach dem ihm gebührenden Liebesanteil und darüber hinaus nach der Vergötzung verlangende Natur, sondern auch durch die Natur der Frau, deren Liebe immer wieder an der konkreten Person haften bleibt und sich an sie verlieren will, so daß sich die Verführung Evas, wenn auch nicht gewollt, immer wiederholt. Als konkrete Person steht ja zunächst nicht Christus, sondern der Priester vor ihr. Daß er die Richtung auf Gott, die Urliebe, bezeichnet, vertieft noch die Gefahr. Und dieser Gefahr darf der Priester nicht einmal grundsätzlich ausweichen. Er darf nicht sagen: „Ich habe nichts zu schaffen mit der Frau, ich schenke Gott meine ganze eigene Liebe und damit genug". Dazu ist er nicht Priester. Er ist Priester, um Gott mit seiner Liebe auch die Liebe der Frau geheilt zurückzubringen. Gott hat die Menschheit zweigegliedert, so daß der Mann allein oder die Frau allein noch nicht den ganzen „Menschen", also auch nicht die ganze Liebe darstellt. So gibt es keinen Umweg um die Gefahr.

Doch nichts so sehr wie diese Gefahr müßte den Priester drängen und treiben, dauernd mit seinem Ich so persönlich hinter Christus zu treten wie in dem Augenblick, da er die Wandlungsworte spricht: „Dies ist mein Leib". Je mehr das „Nicht mehr ich lebe, sondern Christus lebt in mir" Wahrheit wird, desto mehr weicht die Gefahr, löst sich die Aufgabe. Je christusinniger der Priester ist, desto mehr heilt er durch seine Weihegewalt die fiebernde, die blutflüssige, die gebeugte, die von sieben bösen Geistern besessene Frau durch Sammlung und Erhebung ihrer Liebe zu Gott. Ihre Neigung, das Herz an die konkrete Person zu hängen, wird er überwinden dadurch, daß er Christus in ihrer Seele konkret werden läßt. Er muß ganz Christuskünder, Christusbringer, „alter Christus" – ein zweiter Christus – sein, um in der Frau die persönliche Liebe zu wecken, über sich hinaus, auf Jesus hin.

Er muß Christus kennen und die Frau kennen, um als reiner Mittler zwischen ihnen zu wirken. Er muß, wie Jesus es tat, die reinste Mutter, Maria, in allen, auch den elendsten Frauen ehren. Er darf die Frau nie, um sie nicht zu lieben, verachten. Er soll sie ja lieben mit der Liebe Christi, die eine unendlich verstehende Liebe ist. Christus versteht die Sünde der Frau als den dunklen Schatten einer lichten Gabe, des „Zuviel an Liebe", das Gott ihr, als der letzten Blüte einer Schöpfung um der Liebe willen, zugeteilt hat. Sie könnte ohne dieses „Zuviel" den mühseligen Dienst am Leben nicht leisten. Alle anderen Beweggründe versagen, wenn das Kleine, das Schwache, das Hilflose, das Kranke, das der Hilfe Widerstrebende mit Einsatz aller Kräfte betreut werden soll. So ist es ein kostbares Zuviel, eine große Macht und auch eine große Gefahr. Es birgt das tiefste Glück und ist doch in dieser von der Sünde eingeengten Welt fast auch ein „Zuviel an Leid". Jesus weiß das und verfährt darum so zart und schonend mit der Frau. Der Mann hat ihr gegenüber rasch ein verächtliches Wort zur Hand: Hysterie. Mit Verachtung aber ist keiner Krankheit beizukommen. In ihrer unheimlichen Vielgestalt könnte die geheimnisvolle Krankheit Hysterie doch stets den gleichen Ursprung haben und aus der Hilflosigkeit stammen, mit der die rein diesseits-befangene Frau dem besonderen Leid gegenübersteht, das ihr aus der geforderten Beherrschung des „Zuviel an Liebe" fast auf Schritt und Tritt erwächst. Die Hysterie der „Frommen" spricht nicht dagegen; denn wieviel halbe Frömmigkeit geht um, halb durch das Fehlen demütigen Leidenswillens[48]). Die Frau muß sich mit dem Übermaß ihrer Liebe einen Weg über die Grenzen des Diesseits hinaus bahnen. Daß dieser Weg zu Gott sich wende und nicht zu Satan, ist Sorge des Priesters. Nichts fördert den Lauf zu Satan so sehr, als wenn der Priester selbst als Ärgernis im Weg steht, als Hindernis zu Gott, indem er die Liebe der Frau für sich behält. Wir weisen heute vielfach und mit Recht auf die Grundverantwortung der Frau für die Familien hin: wenn ihre Muttersorge und ihr Magddienst alles Leben tragen. Wir wollen aber auch hinweisen auf die Verantwortung des Prie-sters für die Frau. Durch ihre Hinordnung auf die Person, ihre erbsündige Schwäche und die Unsicherheit ihrer Liebe ist sie vielfach völlig davon abhängig, wie ihr der Priester entgegentritt: ob herrisch und fordernd wie der erbsündige Mann, ob flüchtend oder verachtend wie ein zu schwacher Feind oder in machtvoller Güte und sakraler Reinheit wie Christus. Darum betet und opfert die Frau auch so gerne aus ganzer Seele um gute Priester. Darum schneidet es ihr so scharf in die Seele, wenn einer von ihnen fällt. Darum leidet sie, wenn einer sich nicht anders zu panzern weiß denn mit Härte und Mißverstehen.

Gewiß: die Frau ist oft das Kreuz des Seelsorgers. Doch wenn es so ist, dann darf er seinerseits erst richtig wagen, sie zu lieben! Als Kreuz! Keine Liebe ist so rein wie Kreuzesliebe. Wenn er das Kreuz nicht liebt, ist er nicht Priester Christi. Das Kreuz ist Mühsal, und Mühsal ist die Arbeit an der Frauenseele. Denn mit der verirrten Liebe werfen auch die anderen schönen Gaben, die der Schöpfer ihr zu eigenstem Gebrauch gegeben hat, böse Schatten: die Frau muß den mütterlichen Blick für alles Kleine haben und wird daran kleinlich; die Hinordnung auf das Persönliche macht sie unsachlich, neugierig, klatschsüchtig und intrigant. Ihre Aufgabe, dem Kind das Reden zu lehren, macht sie geschwätzig, sie darf kein großer Schweiger sein wie der Vater, sondern das Wort muß ihr flink auf der Zunge sitzen; wie käme das Kindlein sonst zum Plappern? Und wie legte es seine Fehler ab, wenn die Mutter nicht unermüdlich mahnte? Das aber macht sie zur Nörglerin. Ihr Feingefühl wird leicht Empfindlichkeit, ihr Schönheitssinn Putzsucht, ihr Ehrgefühl Anmaßung, ihr Seelenreichtum Sentimentalität. Ihr bewegliches Gemüt entartet in Launenhaftigkeit und ihr Schamgefühl in Prüderie und Lüge. Wie arm ist doch die Frau in dieser Sicht der pervertierten Werte! Am schlimmsten wütet ihre Maßlosigkeit im Lieben wie im Hassen, wenn sie nicht ihr Maß in Gottes Unendlichkeit findet.

Christus ist nicht allein zum Vater gegangen. Er hat die reinste Liebe einer Frau als schönste Zier des Himmels mithinaufgenommen. In Maria sind alle Frauen mitgekrönt, deren Liebe in Christus heimgefunden hat. Christus ist für die Frau „Weg, Wahrheit, Leben" in einer ganz besonderen und persönlichen Weise. Je mehr ein Priester Priester Christi ist, desto mehr ist er, ganz von selbst, auch Priester der Frau. Sie wird dann nicht so sehr sein Kreuz sein, als unter dem Kreuz seines Leidens stehen, wie Maria auf Golgatha, und wird im Himmel das Leuchten seiner Priesterkrone bilden, wie Maria das Leuchten der Krone des göttlichen Hohenpriesters in Ewigkeit.

[1] Vgl. zum folgenden: KETTER, Peter, Christus und die Frauen. Frauenleben und Frauengestalten im Neuen Testament (Düsseldorf 1933).

[2] Vgl. KETTER, aaO. 40.

[3] Vgl. KETTER, aaO. 225.

[4] MITTERER, aaO. 545.

[5] LE FORT, Gertrud von, Die Ewige Frau (München 1934)19ff.

[6] Sr. Thoma Angelica WALTER vom armen Kinde Jesu, Seinsrhythmik. Studie zur Begründung einer Metaphysik der Geschlechter (Freiburg 1932).

[7] Ebd. 7.

[8] Vgl. ebd. 19.

[9] Vgl. ebd. 43.

[10] Vgl. ebd. 67.

[11] Vgl. ebd. 72.

[12] Vgl. ebd. 106.

[13] Vgl. ebd. 117.

[14] Vgl. ebd. 150.

[15] Vgl. ebd. 154.

[16] Vgl. ebd. 166.

[17] 1 Kor 11,9.

[18] Vgl. Walter, a. a. 0. 167

[19] Vgl. ebd. 168 (Fußnote).

[20] Ebd. 169.

[21] Vgl. ebd. 171.

[22] Vgl. ebd. 174.

[23] Ebd. 182.

[24] Vgl. ebd. 182.

[25] Ebd. 211ff.

[26] Vgl. ebd. 223f.

[27] Vgl. ebd. 225.

[28] Ebd. 222.

[29] LE FORT, Die ewige Frau, 6.

[30] LE FORT, Die ewige Frau, a.a.O. 17.

[31] Ebd. 21.

[32] Vgl. WILLMANN, Otto, Geschichte des Idealismus I (Braunschweig 1894) 146.

[33] Vgl. ebd. 681.

[34] Ebd. II, 235.

[35] LE FORT, Die Ewige Frau 19.

[36] UNDSET, Sigrid, Die heilige Angela Merici (Freiburg 1933) 14.

[37] COUDENHOVE, Ida Friederike, Von den zwei Türmen. Drei Briefe über Welt und Kloster (Freiburg 1939) 96.

[38] Vgl. die Lesung im alten Brevier vom 22.4.

[39] KETTER, a.a.O. 269; vgl. auch: SCHNEIDER, Oda, Jesus am Jakobsbrunnen. Studie über Joh 4,1-43 (Meitingen 1939).

[40] Vgl. hierzu WALTER, Seinsrhythmik, a.a.O. 76ff.

[41] WEYL, Philosophie der Mathematik und Naturwissenschaft = BÄUMLER, A., SCHRÖTER, M. (Hg.), Handbuch der Philosophie II (Oldenburg, München 1926) 74; zitiert nach WALTER, a.a.O. 81.

[42]) LE FORT, Die ewige Frau 13f
[43]) Ebd. 20.
[44]) Ebd. 15.
[45]) Ebd. 17.
[46]) Ebd. 16
[47]) Johannes Chrysostomus, De Sacerdotio 1,3,5 (PL 48,642).
[48]) Vgl. SCHNEIDER, Oda, Die Macht der Frau (Salzburg 1938[5])124.

NACHWORT

Oda Schneider – Person und Werk

„Ich habe nicht, wie unsere heilige Mutter Teresa[1]) zu schreiben versucht, was ich erlebt habe. Vielmehr habe ich versucht, zu leben, was ich geschrieben habe."

Diese Worte Oda Schneiders kennzeichnen die Schwierigkeit, ihr Leben zu beschreiben[2]). Bewußt hat sie ihr Leben unter dem Schleier verborgen. Wer daher die Person Oda Schneiders kennenlernen will, muß sich mit ihrem Werk beschäftigen. Hier findet er das, was Oda Schneider in ihrem Leben zu verwirklichen suchte. Dann aber wird die Verborgenheit, in der sie ihr persönliches Leben gehalten hat, gerade auf dem Hintergrund des hier vorgelegten Buches bedeutsam: Sie ist Ausdruck der dienenden und tragenden Liebe, die selber nicht gesehen werden will, Verwirklichung der marianischen Haltung. So können die folgenden Zeilen kaum mehr als die äußere Seite ihres Lebens nachzeichnen. Kennenlernen wird man Oda Schneider nur durch ihre Bücher.

Am 30. Mai 1892 wurde Oda Schneider als zweites Kind der Eheleute Othilie und Arthur Przyborski in Preßbaum bei Wien geboren. Das Sakrament der Taufe empfing sie am 31. Juli desselben Jahres. In ihrem Elternhaus erfuhr sie eine sehr gründliche, standesgemäße Erziehung – ihr Vater war Generalstabshauptmann. Die religiöse Erziehung jedoch ließ sehr zu wünschen übrig. Von 1901 bis 1906 besuchte sie das Halbpensionat des Klosters „Sacrè Coeur" in Wien. Den religiösen Geist dieses Hauses nahm sie begierig auf. Als jedoch die Mutter sie aus Sorge vor einer zu großen Frömmigkeit vom Pensionat nahm, vernachlässigte Oda Schneider in den folgenden Jahren das religiöse Leben nahezu gänzlich.

1917 schloß sie mit dem 20 Jahre älteren Major Rudolf Schneider, einem Freund des Hauses, die Ehe. Sie heiratete ihn in der Überzeugung, daß er, gerade auch in der Not der Kriegsjahr, ihre Liebe brauche. Bewußt verzichtete sie so auf das große ersehnte Liebeserlebnis. Bereits in diesem Entschluß scheint ihr tiefes Verständnis wahrer Liebe auf, die nicht sich selber sucht, sondern dienen und tragen will. Etwa anderthalb Jahrzehnte später sollte sie dies in ihrem Buch „Vom Priestertum der Frau" darlegen und entfalten.

Die harmonische Ehe blieb kinderlos. In den folgenden Jahren erlitt Oda Schneider eine große innere Leere; Depressionen und Anfechtungen erstreckten sich über etwa fünf Jahre. In diesen Jahren fand sie, wie auch ihre Eltern, zum Glauben zurück. Ihre vollständige Bekehrung erfolgte im

Advent 1929. 1930 nahm sie in der Fastenzeit an Exerzitien bei P. Erich Przywara SJ teil, die er über die Gestalten des Karmel hielt. Angeregt durch diese Exerzitien beschäftigte sie sich intensiv mit Teresa von Avila und Johannes vom Kreuz. Seit dieser Zeit fühlte sie sich innerlich als Karmelitin.

Bereits mit ungefähr sechzehn Jahren hatte Oda Schneider zu dichten begonnen. Ab etwa Mitte der zwanziger Jahre nahm sie aktiv an Dichterabenden teil. Zur gleichen Zeit lernte sie im Selbststudium Latein und Griechisch, um die Heilige Schrift in diesen Sprachen lesen zu können. Später erlernte sie noch Spanisch und Italienisch; französische und englische Sprachkenntnisse hatte sie bereits in ihren Mädchenjahren erworben. Gleichzeitig nahm sie von 1926 bis 1928 an einem Kurs für Laienkatechese an der Universität Wien teil. Nach Abschluß dieses Kurses arbeitete sie in der Katholischen Aktion mit, vornehmlich durch Erteilung von Konvertitenunterricht. Zur Unterstützung dieses Unterrichts verfaßte Oda Schneider 1931 das Buch „Geist und Leben. Organische Darstellung der katholischen Lehre"[3]. Damit begann ihre schriftstellerische Tätigkeit. Ihre Bibliographie umfaßt mehr als fünfundzwanzig Bücher, fünf Übersetzungen sowie zahlreiche Aufsätze und Beiträge in Zeitschriften.

Häufig wurde Oda Schneider nun auch um Vorträge gebeten. Besonders lag ihr die Frauenfrage am Herz. Erst in der Verfassung von 1919 hatte in Deutschland die Frau ihre rechtliche Gleichstellung erhalten. Gab es im gesamtgesellschaftlichen Bereich eine Frauenbewegung, die sich um die Rechte der Frau bemühte, so stellte sich selbstverständlich auch im kirchlichen Bereich die Frage nach Stellung und Aufgabe der Frau. Diese Frage wurde zudem dadurch dringlicher, daß das Bewußtsein um die Verantwortung aller Gläubigen für die Kirche wuchs. Dieses steigende Bewußtsein zeigt sich beispielsweise am Anwachsen des Laienapostolates. Welche Aufgaben konnte und sollte hier die Frau übernehmen? Wo lag ihre Verantwortung? Wie Gertrud von Le Fort und Edith Stein bemühte sich auch Oda Schneider um die Klärung dieser Fragen. In den Büchern „Vom Priestertum der Frau" und „Die Macht der Frau" legte sie ihre Gedanken nieder[4]. Letzteres wurde von den Nationalsozialisten konfisziert. Der Zweite Weltkrieg beendete ihre Vortragstätigkeit.

1935 begegnete Oda Schneider der Schönstatt – Bewegung. Nun wurde sie häufig zu Vorträgen nach Schönstatt eingeladen. Im Kreis der Schönstatt Bewegung nannten viele sie „Mutter Oda": Die leibliche Mutterschaft blieb ihr versagt – die geistige Mutterschaft war ihre Sendung. Oda Schneider nahm an

Exerzitien bei P. Kentenich teil. In den Vorträgen sprach P. Kentenich darüber, daß sich der Mensch dem Willen Gottes wie ein Federflöckchen im Wind hingeben müsse. Dieses Bild prägte sich Oda Schneider sehr ein, nicht zuletzt dadurch, daß P. Kentenich es ihr persönlich auch noch einmal gesagt hatte.

Am 4.11.1947 starb ihr Mann, der in den letzten Jahren seines Lebens ohne Drängen seiner Frau zum katholischen Glauben konvertiert war. Sechzehn Tage später, am 20.1., tritt sie als Postulantin in den Karmel Wien-Baumgarten ein. Zu dieser Zeit schrieb sie ihr Buch „Im Anfang war das Herz. Vom Geheimnis des Karmel"[5]. Im Nachwort dieses Buches schreibt der Provinzial: „Der Inhalt dieses Buches ist der Verfasserin zum Schicksal geworden. Deutliche Fügungen erweckten in ihr, da sie noch in der Welt lebte, lebhaftes Interesse am Orden Unserer Lieben Frau vom Berge Karmel. Sein reiches Schrifttum vermittelte die Bekanntschaft und verwandelte das Interesse in Liebe. Immer mehr geriet sie in den Bann seines Geheimnisses. Allmächlich drängte das Erschaute zur Gestaltung und in wachsender Bindung an den Stoff reifte im Laufe von Jahren diese Arbeit heran. Als die letzte Hand daran gelegt werden konnte, geschah es schon durch eine unbeschuhte Karmelitin in stiller Klosterzelle. Was der Sehnsucht aufgeleuchtet war, mußte nun, am Ziele, seine Probe bestehen: die Erfahrung hat alles voll bestätigt."[6]. Den dreißig Ehejahren sollten nun noch fast 40 Ordensjahre folgen. Nach dem Schleier der Braut und der Witwe nahm sie nun den Schleier der Ordensfrau. Am Herz Jesu Fest 1948 wurde sie eingekleidet, am Herz Jesu Fest 1949, dem 24.6., legte sie ihre zeitliche Profeß ab, die ewige Profeß erfolgte am 21.6.1952, wiederum am Herz Jesu Fest. Es ist kein Zufall, daß ihre Profeßfeiern alle am Herz Jesu Fest stattfanden: Das Herz Jesu stand im Zentrum ihres Denkens und Betens. Zunächst trug sie den Ordensnamen Sr. M. Gabriela a Corde Jesu. 1955 wurde zu Sr. Maria Cordis geändert, da in den Karmel Mayerling, in dem sich Oda Schneider zu dieser Zeit befand, eine weitere Sr. Gabriela kam. Nach acht Jahren im Karmel Mayerling kehrte Sr. Maria Cordis 1961 wieder nach Wien – Baumgarten zurück, wo sie Novizenmeisterin und kurz darauf Subpriorin wurde.

1965 sandte man sie als Vikarin nach Steinbach in Niederösterreich zur Errichtung einer Neugründung. Wegen großer Widerstände im Blick auf die zu hohen Kosten der geplanten Kirche scheiterte jedoch dieser Versuch.

1969 wurde Sr. Maria Cordis in den Karmel nach Graz gesandt, wo sie bis zum Ende ihres Lebens blieb.

94

Im Karmel setzte Sr. Maria Cordis ihre schriftstellerische Arbeit fort, solange ihre Kräfte es noch zuließen. In den letzten Lebensjahren ertrug sie große körperliche Leiden. Am 12. März 1987 verschied sie. Ihre letzten Worte kennzeichnen das Bemühen, unter dem ihr irdisches Leben stand. Sie beschreiben zugleich die Vollendung, der sie entgegenging: „Lauter Liebe werden."

Oda Schneider – Vom Priestertum der Frau

Das Wesen der Frau: Gabe und Auf-Gabe

Sind Mann und Frau völlig identisch oder besitzen beide nur mit dem Frau- bzw. Mann-Sein verbundene Charakteristika? Diese Frage ist der Ausgangspunkt der Überlegungen Oda Schneiders. Ihre Antwort ist eindeutig: Mann und Frau sind völlig gleichwertig. Kein Geschlecht ist dem anderen gegenüber höherwertig. Wurde dies in früheren Zeiten auf Grund einer falschen Bewertung der biologischen Gegebenheiten behauptet, so hat sich in neuerer Zeit mit der Erkenntnis der biologischen Gleichwertigkeit auch das „Wertbild" gewandelt: Mann und Frau sind gleichen Werts[7]). Oda Schneider betont, daß diese Gleichwertigkeit auch im religiösen Bereich gilt. Wie der Mann bedarf die Frau nur der Mittlerschaft des Priesters, nicht auch noch der Mittlerschaft des Mannes.

Diese völlige Gleichwertigkeit von Mann und Frau, die Oda Schneider deutlich hervorhebt, bedeutet jedoch nicht absolute Identität, sondern schließt eine Andersartigkeit ein. Diese Andersartigkeit hebt die Gleichwertigkeit nicht auf, sondern ist von ihr umgriffen und entfaltet sich nur im Raum dieser Gleichwertigkeit[8]). Wenn auch diese Andersartigkeit im Wandel der Zeit, der Kultur etc. unterschiedliche Ausprägungen erfahren hat, so ist sie im letzten nicht dadurch bedingt, sondern gründet im Sein des Mannes und der Frau selber. Diese im Sein gründende Unterschiedenheit sucht Oda Schneider zu erfassen. Es geht um eine „metaphysische Grundlegung"[9]), um von dieser Grundlage her die besonderen Aufgaben darzustellen. Diese Frage nach den Seinsgrundlagen der Andersartigkeit von Mann und Frau befreit die Frage nach dem spezifischen Kennzeichen von einer zeitbedingten Antwort. Es geht darum, seinsmäßig die besondere Berufung der Frau abzuleiten. Das Sein ist Gabe und Auf-Gabe zugleich: aus dem Sein der Frau entspringt ihre Aufgabe[10]). Bei aller Beschreibung der Eigenarten betont Oda Schneider, daß diese Zuordnung keine

Ausschließlichkeit beansprucht. Das Denken bedarf der Typisierungen, um das Charakteristische zu erfassen.

In der Darstellungen der metaphysischen Grundlagen bezieht sich Oda Schneider auf die Studie „Seinsrhythmik" von Th. A. Walter. In dieser Studie wird der Frau das Dasein zugeordnet, das Sosein dem Mann. Was ist damit gesagt? Das Dasein bezieht sich auf die Tatsache, daß ein Ding da ist; das Sosein bezeichnet die Art und Weise, wie dieses Ding da ist. Werden daher der Frau Dunkel, Ruhe und Zeit zugeordnet, so geschieht diese Zuordnung lediglich als Zuweisung von Bildern, die für das noch nicht ausgestaltete Leben stehen, wie andererseits die dem Mann zugeordneten Bilder Helle, Unruhe und Raum Symbole für die Ausgestaltung des Lebens sind. Ebensowenig wie diese Zuordnung darf jenes Bild, das die Frau als Fundament bzw. Wurzel und den Mann als Abgipfelung bzw. Wipfel bezeichnet, lediglich vordergründig verstanden werden. Es soll hiermit nicht gesagt werden, der Mann sei die Krone der Schöpfung, die Frau hingegen nicht. Vielmehr geht es ja um die Andersartigkeit innerhalb der Gleichwertigkeit. Mann und Frau bilden eine „'Einheit der zwei' im gemeinsamen Menschsein"[11]). Die Frau als Fundament bzw. Wurzel ist ein Bild für die Zuordnung des Daseins zur Frau und besagt, daß die Frau das Leben trägt, nährt und erhält. Das Bild der Abgipfelung bzw. des Wipfels wiederum entspricht der Zuordnung des Soseins zum Mann und verdeutlicht, daß dem Mann besonders die Ausgestaltung des von der Frau getragenen Lebens zukommt.

Der Leser muß sich vor einer Fehlinterpretation dieser Bilder hüten. Sie stehen nicht für eine Über- oder Unterordnung von Mann und Frau – die Gleichwertigkeit beider Geschlechter wurde eingehend betont. Die Bilder beschreiben vielmehr die Mann und Frau in der Gestaltung des Lebens zukommende Bedeutung und daraus folgende Aufgabe. Sie sind desweiteren Ausdruck für die Ergänzung und für das Aufeinander-Bezogensein von Mann und Frau, dringt ja die Wurzel in die höchsten Wipfel wie auch der Wipfel die tiefste Wurzel formt.

Diese Zuordnung von Dasein und Sosein sowie die erläuterten Bilder sind Grundlage für alle weiteren Überlegungen. So findet sich bei der Frau auf Grund der stärkeren Da-Kraft eine deutlichere Betonung des Willens, während beim Mann aus der stärkeren So-Kraft – der Gestaltungskraft – ein stärkerer Akzent auf dem Intellekt ruht. Entscheidend ist hier wiederum, daß diese Zuordnung keine Ausschließlichkeit beansprucht, sondern Tendenzen darstellt. Hieraus folgen dann die Überlegungen zur Gefühlsfrömmigkeit[12]).

Auf diesem Hintergrund verstehen sich auch die Überlegungen zum Verhältnis zwischen Geheimnis und Gesetz[13]). Die Frau ist hingeordnet auf das Geheimnis des Lebens und neigt wegen des Vorherrschens von Wille und Gefühl viel leichter zur Hingabe, während der Mann mehr auf den göttlichen Willen zur Gerechtigkeit hingeordnet ist und in der Gefahr steht, vor lauter Verstandesfragen nicht mehr zur Hingabe zu kommen. So müssen sich Mann und Frau gegenseitig ergänzen: Die Frau erfährt die Gestaltung ihrer Lebensfülle durch den Mann, der Mann empfängt die Fülle des Lebens durch die Frau, sonst steht er in der Gefahr, bloße Form zu werden. Ist es nun Aufgabe des Amtes, jemand oder etwas anderes zu vertreten und ganz in dessen Auftrage und Sinn zu handeln, so liegt diese Aufgabe dem Mann viel näher, da er sich leichter in das Starre und Gesetzeshafte einordnen kann. Das Amt würde schon aus dieser Perspektive dem Wesen der Frau, der die Hingabe viel mehr am Herzen liegt widersprechen. Die Schwierigkeiten, die Oda Schneider anführt, wenn eine Frau das heilige Meßopfer feiern würde, wird jede gläubige Frau sehr gut verstehen. In ähnlicher Weise schreibt Edith Stein: „Für den Priester aber besteht die Verpflichtung, immer wieder gewissermaßen den vertrauten Verkehr mit dem Herrn zu verlassen, um an seiner Stelle und für ihn zu lehren, zu richten, zu kämpfen. Und es ist menschlich begreiflich, wenn dahinter die bräutliche Einstellung zurücktritt, die doch erhalten bleiben muß, wenn das Eintreten für den Herrn wirklich in Seinem Geiste geschehen soll. Vielleicht kann man von hier aus einen Zugang zu der geheimnisvollen Tatsache finden, daß Gott die Frauen nicht zum Priestertum berufen hat. Es mag auf der einen Seite als Strafe dafür aufgefaßt werden, daß die erste Auflehnung gegen den göttlichen Willen von einer Frau geschah. Es kann aber auf der andren Seite als ein besonderer Gnadenvorzug betrachtet werden, daß der Herr die ihm geweihte Braut niemals von seiner Seite lassen will, daß ihr alle Macht in seinem Reich aus der liebenden Vereinigung mit Ihm, nicht durch eine übertragene Amtsgewalt zukommen soll: ein Abbild jener innigsten Liebesgemeinschaft, die er je mit einem menschen eingegangen, der Vereinigung mit der Gottesmutter.“[14])

Aus der grundlegenden Zuordnung des Daseins zur Frau und des Soseins zum Mann leitet Oda Schneider nun die entscheidende Aufgabe der Frau ab. Ist die Frau von ihrem Sein her Grundlage des Daseins, so ergibt sich daraus die Forderung, dies in ihrem Leben nachzuvollziehen. Es ist die Forderung des Dienstes, der bewußten Einordnung in den Dienst am Leben. Diese bewußte und freiwillige Einordnung nennt Oda Schneider „Subordination“. Diese Einordnung ist mitnichten Zeichen der Minderwertigkeit, ordnen sich ja sogar die Engel dem Dienst an den Menschen unter. Keineswegs darf der Mann den Dienst der Frau ausnützen – tut er dies, so versündigt er sich! –, vielmehr ist das Dienen der Frau „Dienen unter seinem Dienen, damit sein Sachdienst von ihr aus sich zum Gottesdienst erhelle"[15]). Der Mann soll den Dienst der Frau annehmen als Dienst, der den eigenen Dienst ermöglicht. So wird die Frau zur „Mutter des Mannes", zum „Fundament seines Seins"[16]). Der Dienst der Frau ist ein Dienst am Menschen, deshalb ist ihr Wesen viel stärker auf die konkrete Person bezogen. Der Dienst der Frau ist entscheidend für die gesamte Menschheit, da der Mann von der Frau Dienst und Hingabe lernen muß. In diesem Sinn ermöglicht die Frau den Mann in seinem Personsein. Damit ist nicht gesagt, daß der Mann erst durch die Frau zur Person wird. Vielmehr lernt der Mann durch die Frau den entscheidenden Vollzug seines Personseins: Hingabe, im letzten an Gott. Der Mensch kann sich als Person nicht anders verwirklichen, denn durch die Hingabe seiner selbst. So sagt das Zweite Vatikanische Konzil, „daß der Mensch, der auf Erden die einzige von Gott um ihrer selbst willen gewollte Kreatur ist, sich selbst nur durch die aufrichtige Hingabe seiner selbst vollkommen finden kann (vgl. Lk 17,33)"[17]). Damit wird deutlich, daß das Verhältnis zwischen Mann und Frau als Verhältnis gegenseitiger Hilfe besteht: „In der 'Einheit der zwei' sind Mann und Frau von Anfang an gerufen, (...) gegenseitig 'füreinander' dazusein." Es handelt sich „um eine 'Hilfe' beider Seiten und zugleich um eine gegenseitige 'Hilfe'", denn der Mensch ist „dazu berufen (...), 'für' andere dazusein, zu einer 'Gabe' zu werden".[18] Faßt man diese Gedanken zusammen, so wird deutlich, daß das Ziel des Dienstes der Frau das Tragen ist: „Der Dienende trägt, der Tragende dient. Wer sich beugt, um zu dienen, der beugt sich, um zu tragen."[19]). Damit aber ist der Dienst der Frau Ausdruck ihrer Liebe, denn Liebe sagt: „Gut, daß es dich gibt."[20]). Liebe sagt: „Du sollst immer sein. Dazu will ich dir dienen." Der Dienst der Frau ist daher „Ergebnis eines überfließenden Reichtums an Liebe"[21]).

Wird damit aber nicht die Frau in die Ecke des Dienstes zurückgedrängt? Führen diese Gedanken nicht letztlich zu einer Unterdrückung der Frau? Wer hieraus eine Unterdrückung der Frau folgern möchte, hat Oda Schneider nicht verstanden. Mann und Frau sind gleichwertig. Der Mann darf den Dienst der Frau nicht ausnützen, vielmehr soll er am Dienst der Frau im eigenen Dienst wachsen. Jede Unterdrückung der Frau, jedes Beherrschenwollen seitens des Mannes (wie auch umgekehrt) mißachtet die ursprüngliche „Einheit der zwei", verletzt den grundlegenden Gleichwert von Mann und Frau, verstößt somit gegen die Schöpfungsordnung und ist eben deshalb Sünde[22]). Die von Oda Schneider entfaltete Subordination der Frau besagt ja gerade nicht Unterdrückung und Ausbeutung, besteht nicht in entwürdigender Unterordnung. Vielmehr geht es um das freiwillige Sich – Hingeben im Dienst an den anderen, es geht um das Dienen in Liebe[23]). Wie wenig es beim Dienst der Frau um Unterdrückung der Frau geht, wird daran deutlich, daß – wie Oda Schneider es darlegt – der Mann am Dienst der Frau zum eigenen Dienst vor Gott wachsen soll. Der Mann ist deshalb gegenüber dem Dienst der Frau verantwortlich: Nimmt er den Dienst der Frau als Hilfe an, um im eigenen Dienst zu wachsen? Es geht daher um ein „'gegenseitiges Sich-Unterordnen in der gemeinsamen Ehrfurcht vor Christus'(vgl. Eph 5,21). Um so mehr, da der Ehemann „Haupt" der Frau genannt wird, wie Christus Haupt der Kirche ist, und das ist Er eben, um 'sich für sie' hinzugeben (vgl. Eph 5,21); und sich für sie hinzugeben bedeutet, sogar das eigene Leben hinzugeben".[24])

Sicherlich plädiert Oda Schneider sehr eindeutig für den Dienst der Frau. Dem kann aber nur widersprechen, wer das Dienen als solches ablehnt. Den Dienst überhaupt wird aber nur der ablehnen, dem es in egoistischer Weise lediglich um das eigene Ich und nicht um die anderen geht. Ablehnen des Dienstes ist Ausdruck fehlender Liebe. Gerade da aber sind die Gedanken Oda Schneiders äußerst wertvoll und heilsam, da sie die königliche Würde des Dienstes aufzeigen. Kann man Größeres vom Dienst der Frau sagen, als daß sie durch ihren Dienst am Leben am Dienst Gottes teilnimmt und Seinen Dienst nach-ahmt, der als Schöpfer jedes Geschöpf im Dasein erhält, es – ihm dienend – trägt? Die Ablehnung des Dienstes beruht auf dem Vorurteil, das Dienen sei minderwertig. Worin ist denn dieses Vorurteil begründet? Doch nur in der selbstsüchtigen Einstellung, die nicht dienen will. Ist ein Mensch, der den Wert des Dienstes leugnet, nicht schon völlig bestimmt von einer aktionistischen, bloß auf Funktion und Effizienz ausgerichteten Welt? Die Diener sind die Könige der Welt. Das Königtum des Dienstes muß wiederentdeckt werden – Königtum deshalb, weil der Dienst das Leben trägt. Die Frau trägt durch ihren Dienst die Welt und das Leben: dies ist ihre königliche Würde. Wie wertvoll der Dienst ist, wird deutlich, wenn Oda Schneider von einem „Recht zum Dienst am Leben"[25]) spricht: Recht – nicht Pflicht, noch Zwang – sondern Geschenk, von Gott selber anvertraut, das ist der Dienst am Leben. Endgültig ist die königliche Würde des Dienstes durch Jesus Christus geoffenbart, Der gekommen ist, „nicht um sich bedienen zu lassen, sondern um zu dienen und Sein Leben hinzugeben als Lösepreis für viele" (Mk 10,45): „Christus, der „Knecht des Herrn" wird allen Menschen die königliche Würde des Dienens offenbaren, mit der die Berufung jedes Menschen eng verknüpft ist"[26])

Die Aufgabe der Frau, durch ihren Dienst das Leben zu tragen, ist nur möglich aus der Haltung einer großen Liebe heraus. Dies betont Oda Schneider immer wieder: „Alles Leben kommt aus Liebe."[27]). Daher ist der Lebensdienst der Frau nur in und aus Liebe möglich. „Die Frau ist zum heiligen Dienst am Leben bestimmt. Dazu braucht sie immerfort Liebe. Alle anderen Beweggründe versagen, wenn das Kleine, das Schwache, das Hilflose, das Kranke mit Einsatz aller Kräfte betreut werden soll. Darum hat Gott die Wurzel ihres Seins unmittelbar in Seine Liebe eingesenkt. Daraus zieht sie nun die geheimnisvolle Macht, die keine Ufer und Grenzen hat."[28]). Die Frau besitzt so auf Grund ihrer Aufgabe ein „Zuviel an Liebe"[29]). Kein Mann kann die Liebe einer Frau vollkommen aufnehmen. Vollständig kann die Frau ihr Übermaß an Liebe nur Gott schenken, der zugleich der Quell jeder wahren Liebe ist[30]).

Wie sehr der Dienst im Tragen sich erfüllt und so königlich ist, wird deutlich in Maria: „Maria wird in dem Augenblick Mutter, als sie die Haltung der Magd des Herrn entscheidend verkörpert. Mit dieser Haltung aber wird sie führend, nicht nur für die Frau, sondern für den Christen überhaupt, besonders für den Apostel."[31]). Durch ihren Dienst gegenüber Gott und den Menschen wird Maria zum Zeichen für das Königtum des Dienstes: Durch ihren Dienst trägt sie die ganze Welt, ist sie ja die Mittlerin der Gnaden. „wenn wir es richtig sehen, so trägt die Jungfrauschaft das Muttertum, das Muttertum aber trägt die ganze Welt".[32]) Von wem gelten diese Worte mehr als von Maria. Immer ist sie das Leben tragende Frau: Sie hat den Herrn des Lebens getragen, sie trägt das Leben Seines Leibes, sie trägt das Leben Seiner Glieder. Die Mutter Christi ist Mutter der Kirche und Mutter der Erlösten. Sie ist es als jungfräuliche Magd, die in ihrer Mutterschaft zugleich Himmelskönigin ist. Welch ein Licht werfen diese Worte Oda Schneiders aber auf unsere Zeit, in der nicht wenige Frauen weder Jungfrau noch Mutter sein wollen.

Damit sind zwei weitere Merkmale der Frau angeklungen: Magdliche Haltung und Mutterschaft. Urbild beider Haltungen ist Maria.

Magdliche Haltung besagt die „Wesensbindung von Reinheit und Demut"[33]). Sie beinhaltet die Bereitschaft des Dienens und die „Bereitschaft der unbedingten Hingebung"[34]). Dadurch aber wird die magdliche Haltung aus der reinen Hingabe zur völligen Empfänglichkeit: Wer ganz hingegeben ist, erwartet alles vom anderen und nichts von sich selber. Hier schließt sich der Kreis wieder bei der Reinheit und der Demut: Demut als Fehlen des Stolzes, der selber leisten will; Reinheit als Freiheit von selbstsüchtigem Begehren, das durch seine Ichsucht Ausdruck der fehlenden Hingegebenheit

ist. So kann die Forderung der magdlichen Haltung als völlige Empfänglichkeit vor Gott, weil gänzliche Hingegebenheit an Ihn, niemals
Begründung einer Unterdrückung der Frau sein in dem Sinne, sie solle
Magd des Mannes sein. Nicht Magd des Mannes, sondern Magd des Herrn
– dies aber hat jeder Christ zu verwirklichen. Die Frau hat hier wegen ihrer
größeren Geneigtheit zur Empfänglichkeit und Hingabe wiederum die
Aufgabe, dem Mann bei der Verwirklichung der magdlichen Haltung zu
helfen. So ist der Dienst der Frau Dienst zur Heiligkeit. Kann es Herrliche-
res geben?

Ein weiteres, wesentliches Merkmal der Frau besteht in ihrer Berufung zur
Mutterschaft. Die Mütterlichkeit der Frau beinhaltet zwei Komponenten:
die Nähe zum Geheimnis und die Berufung zum Dienst[35]). Gerade in der
Mutterschaft der Frau zeigt sich die Würde des Dienstes in seiner tragenden
Funktion: Ohne den Dienst der Frau als Mutter kann sich kein Leben
natürlicherweise entfalten. Die Hospitalismuserscheinungen (Deprivation)
sind hierfür ein klarer Beweis. Auch die Versuche in unserem Jahrhundert,
die Familie zu zerstören und die Entfaltung des Lebens aus der Familien-
struktur herauszulösen (so in der russischen Anti-Familienpolitik, in den
Kommunen im Gefolge der 68er Unruhen, in den Kibbuzim in Israel etc.),
beweisen alle durch ihr Scheitern die Unaufgebbarkeit des mütterlichen
Dienstes am Leben.

Die zweite Komponente der Mutterschaft liegt in der Nähe zum Geheimnis
des Lebens. Die werdende Mutter ist in hervorragender Weise mit dem
Geheimnis des sich entfaltenden Lebens verbunden. Sie steht in einer Nähe
zum Leben, in die der Mann nie gelangen kann. Der Frau ist das Leben in
ganz besonderer Weise anvertraut. So zeigt sich in der Mutterschaft deutlich die das Leben tragende Aufgabe der Frau. „Doch obwohl beide
gemeinsam Eltern ihres Kindes sind, stellt die Mutterschaft der Frau einen
besonderen Anteil dieser gemeinsamen Elternschaft, ja deren anspruchs-
volleren Teil dar. Die Elternschaft gehört zwar zu beiden; sie verwirklicht
sich jedoch viel mehr in der Frau, besonders in der vorgeburtlichen Phase.
Die Frau muß unmittelbar für dieses gemeinsame Hervorbringen neuen
Lebens 'bezahlen', das buchstäblich ihre leiblichen und seelischen Kräfte
aufzehrt. Der Mann muß sich daher voll bewußt sein, daß ihm aus dieser
gemeinsamen Elternschaft eine besondere Schuldverpflichtung gegenüber
der Frau erwächst."[36]) „Die 'Frau' besitzt als Mutter, als erste Erzieherin
des Menschen (...) einen besonderen Vorrang vor dem Mann".[37]) Durch die
Mutterschaft steht die Frau aber auch in besonderer Beziehung zum Leid:
sowohl dem leiblichen Leid, das sie in der Geburt erfährt, als auch dem

geistigen Leid der Sorge um das ihr anvertraute Leben. Indem Christus am Kreuz Maria dem Apostel Johannes zur Mutter gab, hat er im Christentum die geistige Mutterschaft eröffnet. Diese hat jede Frau – verheiratet oder unverheiratet – zu verwirklichen[38]).

Auf diesem Hintergrund wird die Dreieinheit jener Werte sichtbar, die der Frau besonders anvertraut sind: Reinheit, Hingabefähigkeit, Fruchtbarkeit. Diese drei Werte der Frau soll sie in der Dreiheit von virgo – sponsa – mater (Jungfrau, Braut, Mutter) verwirklichen. Diese Dreiheit ist in ihrer Einheit in Maria verwirklicht. Aufgabe einer jeden Frau ist es, diese Dreiheit in der Einheit zu leben.[39]) Die Frau soll sich bemühen, ihre Fraulichkeit zu verwirklichen. Dies aber wird sie in dem Maße, in dem sie marienförmig wird: „Das aber bedeutet: liebesmächtig sein in Reinheit, dienmächtig in Magdlichkeit, lebensmächtig in Mütterlichkeit."[40])

Die Gedanken Oda Schneiders führen immer wieder zu Maria. Dies ist kein Zufall. Maria, ohne jede Sünde, voll der Gnade, ist als Mensch und als Frau so, wie Gott den Menschen gewollt hat. In ihr ist das Bild des Menschen und das Bild der Frau nicht durch die Sünde entstellt. So ist die Gnadenfülle Mariens „zugleich die Fülle der Vollkommenheit all dessen, 'was kennzeichnend für die Frau ist', was 'das typisch Frauliche ist'"[41]). Eben deshalb ist Maria das Vorbild für jede Frau, die im Blick auf Maria zur vollen Entfaltung ihres Frauseins finden wird.[42])

Die Berufung der Frau, durch ihr Dienen das Leben zu tragen, erfüllt sich auch im Ausnahmefall des „fallweisen Einspringens"[43]). Dort, wo eine Entwicklung in eine einseitige Richtung verläuft, da, wo der Mann in seiner Aufgabe versagt, muß die Frau einspringen, um das Versagen des Mannes auszugleichen. Oda Schneider betont, daß dieses fallweise Einspringen eine Ausnahme darstellt. Im Normalfall wird die Frau die Fehler des Mannes nicht durch Übernahme seiner Aufgaben, sondern durch die intensiver erfüllte eigene Aufgabe des Tragens ausgleichen[44]). So wird die Frau, die sich der Würde und des Wertes ihrer eigenen Sendung bewußt ist, die Ausnahme des „fallweisen Einspringens" weder als „Lückenbüßerfunktion" abwerten noch als Begründung zur dauerhaften Übernahme männlicher Aufgaben verwenden. Daß es sich wirklich um ein notwendiges „fallweises Einspringen" handelt, zeigt sich besonders daran, daß die Frau dieses Einspringen nicht als Triumph, sondern als Kreuz erlebt[45]). Das fallweise Einspringen ist und bleibt Ausnahme. Der „Normalfall" besteht in der gegenseitigen Ergänzung von Mann und Frau durch die Erfüllung der je eigenen Sendung: „Der stete Gegenzug zur männlichen Ruhelosigkeit ist ihr (der Frau) für alle Zeiten aufgetragen. Dem Mann kommt es zu, den

Raum zu erobern; doch der eroberte Raum ist wertlos, wenn nicht die Frau ihn besiedelt und für die Fülle des Lebens sorgt."[46]) Gerade hier liegt eine wichtige Aufgabe für die Frau in der Gegenwart: gegen die technisierte, nur auf Funktion und Produktion ausgerichtete Gesellschaft die Werte des Lebens und der echten Liebe aufrechtzuerhalten.

Das bisher zur Macht der Frau Gesagte läßt nun auch die Ausführungen Oda Schneiders zur Rolle der Frau beim Sündenfall und zur Knechtung der Frau in der Geschichte verstehen[47]). Gott hat der Frau das Leben und das Religiöse anvertraut[48]). Da das Leben in ihren Händen liegt, hat sie durch ihre Sünde das Leben der ganzen Menschheit in den Abgrund gerissen. Die Frau besitzt eine größere Verantwortung für das Leben. Eben deshalb kommt ihr auch eine größere Verantwortung für den Sündenfall zu. Diese größere Macht der Frau für das Leben zeigt sich wiederum in der Erlösung, findet ja der Erlöser Eingang in diese Welt durch das Fiat – „Mir geschehe nach deinem Wort" – Mariens.[49])

Die Unterdrückung der Frau hat Gott in der Geschichte zugelassen als Strafe für die größere Verantwortung und als Heilmaßnahme. Durch die Leiden der Mutterschaft soll die Liebe der Frau geläutert werden. Durch die Unterdrückung sollte die Liebe der Frau reifen.

Diese Gedanken Oda Schneiders werden vielleicht manchem Leser sehr fremd erscheinen. Doch besser, als sie vorschnell zu verwerfen, ist es, tiefer über sie nachzudenken. Die Gedanken des Strafens Gottes sowie des Heilens durch das Leid sind unserer Zeit sehr fern. Kann dies aber nicht Folge eines Menschenbildes sein, das sich völlig ohne Gott versteht und deshalb Gott die Macht des Heilens und Strafens nicht mehr zubilligt? Müssen nicht auch Eltern strafen, um zum Guten zu führen? Ist nicht ihre Strafe zutiefst Ausdruck ihrer Liebe? Muß nicht die Mutter gegen den Willen und das Schreien des Kindes den Splitter aus der Wunde ziehen, um Schlimmeres zu vermeiden? Gibt es nicht Menschen, die gerade durch das Leid zu einer Reife gelangt sind, die sie sonst nie erreicht hätten? Wir stehen hier vor dem Geheimnis des menschlichen Lebens, das sich von Gott entfernt hat: Die Rückkehr zu Gott ist oft ohne Leid nicht möglich, weil das sündige Herz für Gott aufgebrochen werden muß – so wie auch für einen Kranken der Weg zur Gesundheit oft nur durch Leid möglich ist. In diesem Sinne sind die Gedanken Oda Schneiders zu verstehen: Strafe und Leid sind zutiefst Ausdruck der dem Menschen keineswegs immer verstehbaren Liebe Gottes (und der Mensch versteht eben deshalb Gottes Liebe so oft nicht, weil Gottes Liebe unendlich ist und damit das menschliche Denken unendlich übersteigt):

„Du bist's, der, was wir bauen,
Mild über uns zerbrichst,
Daß wir den Himmel schauen –
Darum so klag' ich nicht."[50])

Das Leid der Frau ist daher der schmerzhafte, aber heilsame Weg zur Gesundung der Frau, wie auch der Mann – in anderer Weise – die Strafe der Sünde trägt und zur Heilung finden soll. Trägt die Frau hier vielleicht eine größere Last, so ist andererseits die Begegnung Christi mit den Frauen viel milder als mit den Männern. Mit welcher Freude wird jede Frau die Ausführungen Oda Schneiders zu den Begegnungen Jesu mit den Frauen lesen[51]). So steht im letzten das Leid der Frau in Beziehung zum Kreuz Christi, Der durch Sein unendliches Leid der ganzen Welt das Heil schenkt: „Es war seit je eine Lieblingstat göttlicher Allmacht, durch die Zuchtrute zu heilen, durch das Schwere zu erheben, durch den Druck wachsen zu lassen, bis Er endlich durch die Last des Kreuzes die Menschheit insgesamt in Seine Herrlichkeit emporhob."[52])

Emanzipation? – Die Antwort Oda Schneiders

Grundlegend für die Frauenbewegung ist nach Oda Schneider die Einsicht, die sie als „Gleichwert und Eigenart" formuliert: Mann und Frau sind gleichwertig, beiden aber ist zugleich eine Eigenart, eben eine besondere, wesensmäßige Aufgabe, gestellt. Mann und Frau ergänzen sich durch ihre Eigenart. Zu betonen ist die positive Sicht dieser Ergänzung, handelt es sich ja nicht um einen Ausgleich eines Mangels der Geschlechter, sondern um die Mitteilung des je eigenen, überfließenden Reichtums: „Die persönlichen Möglichkeiten des Frauseins sind gewiß nicht geringer als die Möglichkeiten des Mannseins; sie sind nur anders."[53]) Wenn daher bestimmte Eigenschaften einem Geschlecht besonders zugeschrieben werden, so ist damit nur ausgedrückt, daß das besagte Geschlecht diese Eigenschaft im Normalfall in besonderer Weise besitzt. Es wird damit nicht gesagt, daß dem anderen Geschlecht diese Eigenschaft gar nicht zu eigen sind.

Damit wird deutlich, daß die völlige Nachahmung des Mannes durch die Frau der falsche Weg ist. Verarmung des fraulichen Wesens wäre die Folge. Die Frau soll vielmehr ihren eigenen Reichtum, ihr eigenes Wesen zu entfalten suchen. Es geht nicht um Gleichschaltung, sondern um die Verwirklichung des eigenen Frau- bzw. Mannseins. Emanzipation als Gleichschaltung verleugnet Wert und Eigenart des weiblichen Wesens. Demgegenüber steht das Bemühen Oda Schneiders, den Wert des Frauseins aufzuzeigen, dadurch die Freude am Frausein zu vermitteln und so zu gelebtem Frausein anzuspornen[54] Gegen jede Ideologie geht es ihr um die wahre Liebe, die sich im tragenden Dienst verwirklicht. Nicht egoistische Selbstverwirklichung – sondern Hingabe an den Dienst des Lebens: das allein führt die Frau zur wirklichen Erfüllung. Wie sehr solch eine Haltung von gesundem Selbstbewußtsein getragen sein kann und sogar getragen sein muß, wird bei Oda Schneider selber deutlich: „Wir lehnen jede ‚Galanterie' des Mannes ab, die uns irgend eine Grundverantwortung abnehmen möchte. Gegen Gottes Schöpfungsplan kann sie uns auch gar nicht abgenommen werden und, insofern wir unverkümmert Frau sind, wollen wir sie uns auch nicht abnehmen lassen, denn durch die Liebe ist uns die Last, bei all ihrer Schwere, doch eine selige Last." [55] Emanzipation als Ablehnung des Dienens wird überwunden durch die Liebe, die gerne trägt: „Diese Muttermacht muß befreit werden. Nicht indem sie sich feindlich wider das Vaterrecht erhebt, um es zu stürzen (...), sondern indem sie zu sich selbst kommt, ihre eigensten Quellgründe neu entdeckt, die Wurzeln nach der Tiefe senkt, den Schleier über das Geheimnis zieht, die verratene Sendung zu heiligem Dienst am Leben mit allen Kräften wieder voll auf sich nimmt. Dann wird sie aufwachsen als ein wuchtiges Fundament, das Vaterrecht zu stützen und zu tragen."[56] Wirkliche Entfaltung der Frau stellt daher nicht die Frau gegen den Mann, sondern führt zu größerer Hingabe beider. Wird hingegen der Wert der fraulichen Berufung nicht mehr gesehen, so fühlt sich die Frau notgedrungen dem Mann unterlegen. Will sie ihm von den Aufgaben her völlig identisch sein, so wird sie hinter ihm zurückbleiben, da die ihr eigenen Aufgaben, die sie viel besser erfüllt, dann nicht gesehen werden. So führt solch ein Versuch letztlich zur Knechtung der Frau.[57] „Die Frau, die im wahrsten Sinn des Wortes schöpferisch ist, da sie das Leben weitergibt, ‚produziert' es jedoch nicht in jenem technischen Sinn, der als einziger in einer Gesellschaft etwas gilt, die in ihrem Kult der Effektivität mehr denn je eine männliche ist. Man überzeugt sie, daß man sie ‚befreien', ‚emanzipieren' wolle, indem man sie gleichzeitig dazu bewegt, sich zu vermännlichen, und sie so an die Kultur der Produktion angleicht; man unterwirft sie der Kontrolle der männlichen Gesellschaft der Techniker, der Verkäufer und der Politiker, die nach Profit und Macht streben, wobei sie alles für die eigenen Ziele organisieren, alles vermarkten, alles instrumentalisieren."[58]

Das Ziel einer echten Frauenbewegung muß demnach immer der Frau helfen, ihr wahres Wesen, ihr fraulicher Eigenart zu verwirklichen. „‚Mutterrecht' hat niemals bedeutet: Recht der Mutter auf ‚freie Liebe'; das konnte es nie bedeuten, denn 'freie Liebe' ist der Tod der Liebe. – 'Mutterrecht' ist vielmehr das Recht der Mutter auf Entfaltung ihrer Liebesmacht im heiligen Dienst am Leben. Nur die reine Liebe ist Macht. Alle Buhlschaft ist Ohnmacht der Liebe zum Tod."[59])

Das Priestertum der Frau

„Die Gnade zerstört die Natur nicht, sondern vollendet und erhöht sie." Dieser Grundsatz der Theologie verdeutlicht das Verhältnis zwischen Natur und Gnade. Wo Gott Seine Gnade schenkt, geht er nicht so über die Natur hinweg, daß diese völlig unbeachtet bliebe. Wo immer Gott Seine Gnade gewährt, wird die Natur nicht zerstört, sondern vollendet – auch wenn die Vollendung die Natur unendlich übersteigt und sie deshalb sprengt.

Es ist wichtig, sich diese Gedanken vor Augen zu halten, wenn man die Frage nach der Bedeutung der Frau im Glauben stellt. Auch hier wird die Bedeutung des Frauseins durch die Gnade nicht aufgehoben, so daß die Frau im Glauben völlig andere Bedeutung und Aufgaben erhielte. Vielmehr werden Bedeutung und Aufgabe der Frau durch den Glauben gnadenhaft erhöht und so zu einer, dem Menschen aus eigenem Vermögen unvorstellbaren Erfüllung geführt. Dies zu beachten ist entscheidend, um das von Oda Schneider dargelegte „Priestertum der Frau" zu verstehen.

Bereits im natürlichen Bereich stellt der Dienst am Leben die grundlegende Berufung der Frau dar. Diese Berufung geht im Glauben keineswegs verloren, sondern wird mit den Augen des Glaubens in ihrer ganzen Schönheit sichtbar: Durch ihren Dienst am Leben ahmt die Frau den Dienst Gottes, durch den Er die gesamte geschaffene Welt im Dasein erhält, nach und nimmt an diesem teil. Sie ist mit Gott durch ihren Dienst am Leben verbunden. Gott hat der Frau „in einer besonderen Weise den Menschen anvertraut"[60]). Wie der Priester mit der Sorge um das übernatürliche, aber auch das natürliche Leben betraut ist, so ist auch der Frau die Pflege des natürlichen und übernatürlichen Lebens anvertraut[61]). Ihre Berufung zum Dienst am Leben ist wesentlicher Bestandteil ihres Priestertums.

Mit Hilfe verschiedener Eigenschaften soll die Frau diese ihre priesterliche Aufgabe erfüllen. Zu diesen Eigenschaften gehört beispielsweise die Diskretion. Diese ist eine Gabe der Unterscheidung im Dienst der je größeren Liebe: Durch die Diskretion fördert die Frau das, was der echten Liebe und damit dem wahren Leben dient[62]). Durch ihr Muttertum ist die Frau nicht nur Dienerin des Lebens, sie steht als Mutter auch in besonderer Beziehung zum Geheimnis des Lebens, das zutiefst ein Geheimnis Gottes ist. So zeigt sich auch in dieser Hinsicht die Nähe zum amtlichen Priester, der „Diener der Geheimnisse Gottes" (vgl. 1 Kor 4,1) ist.

Aus ihrer Nähe zum Geheimnis des Lebens folgt eine weitere priesterliche Berufung: Ruhe und Heimat zu geben[63]). Ruhe und Heimat sind notwendig zur Entfaltung des Lebens, da das Leben einen Grund benötigt, in dem es wurzeln kann. So erfüllt die Frau ihren priesterlichen Lebensdienst, indem sie Ruhe und Heimat gewährt. Die priesterliche Bedeutung dieses Dienstes ist noch tiefer zu fassen, denn die Frau verweist dadurch auf Gott, die wahre Heimat des Menschen. Daher wird die Frau echte Ruhe und Geborgenheit nur in dem Maße geben können, als sie selber mit Gott verbunden ist. Gibt nicht gerade unsere ruhelose Zeit, die Gott aus dem Leben ausgeklammert hat, auf negative Weise Zeugnis für diese Wahrheit? Die Frau weiß zudem aus ihrer Nähe zum Geheimnis des Lebens, daß das Leben, um wachsen zu können, mehr benötigt als nur äußere Tätigkeit. Aus diesem Wissen heraus vermag sie vor der Gefahr des Aktivismus zu schützen.

Ihre priesterliche Berufung des Lebensdienstes erfüllt die Frau besonders durch ihre priesterlichen Funktionen des Dienens, Leidens und Hoffens[64]). Durch ihren Dienst soll sie das Leben tragen. Als Mutter steht sie in einer besonderen Nähe zum Leid, da die Frau weder ohne Leid Mutter werden kann noch ohne Leid für die ihr Anvertrauten zu sorgen vermag. Gerade durch ihr Muttertum weiß die Frau aber auch um den Sinn des Leides und besitzt sie die Kraft, durch ihre Hoffnung das Leid zu tragen. So trägt die priesterliche Frau durch ihr Dienen, Leiden und Hoffen das Leben und erfüllt ihren priesterlichen Lebensdienst. Alle drei Funktionen aber sind getragen von der Liebe, denn dienen, leiden und hoffen gegen alle Verzweiflung kann nur die Liebe. Das Priestertum der Frau gründet daher auf ihrer Kraft zu echter Liebe. Wahre und echte Liebe kennzeichnet die Würde der Frau. Ihre Würde „ist eng verbunden mit der Liebe, die sie gerade in ihrer Fraulichkeit empfängt, und ebenso mit der Liebe, die sie ihrerseits schenkt"[65]).

Ihren priesterlichen Dienst erfüllt die Frau vornehmlich in der Familie. Diese ist der „Sakralraum" ihres Priestertums[66]). Ehe und Familie sind eine „Liebes- und Opfergemeinschaft". Träger der Liebe und des Opfers aber ist vornehmlich die Frau. Durch ihre freiwillige Unterordnung, durch ihre Liebe und ihr Opfern lebt sie allen anderen die nötigen Haltungen vor, ohne die keine Gemeinschaft bestehen kann. Eine Gemeinschaft, in der jeder herrschen will, zerbricht. So lernen besonders die Kinder in der Familie die nötigen Haltungen, auf denen jede Gemeinschaft aufbaut. Auch dadurch erfüllt die Frau einen priesterlichen Dienst, gehört ja die Sorge für die

Gemeinschaft der Kirche zu den Aufgaben des Priesters. Die Frau sorgt für die Gemeinschaft der Familie, die „Hauskirche" und dadurch für die Gemeinschaft der Kirche wie auch für die menschliche Gesellschaft. Eine besondere Aufgabe der Frau im Blick auf die Gemeinschaft der Kirche besteht darin, daß sie immer wieder bewußt machen soll, daß zur Kirche auch die unsichtbaren und nicht anwesenden Glieder gehören. Da die Frau als Mutter die Kinder in den Glauben einführt, übt sie das Lehramt aus; durch ihre Sorge für die Menschen vollzieht sie ihr Hirtenamt; indem sie die ihr Anvertrauten durch ihr Vorbild den Wert des Opfers lehrt, nimmt sie das Priesteramt wahr[67]). So nimmt die Frau besonders durch ihren Dienst in der Familie teil an den drei Ämtern Christi. Gilt für den Priester: Sacerdoti est offere et offeri[68]), so opfert die Frau sich selber in Erfüllung ihrer mütterlichen Aufgabe – ein Opfer der Liebe im Dienst am Leben.

Besonders im Blick auf die Familie wird deutlich, daß der Frau eine wichtige pädagogische Aufgabe zukommt. Durch ihre Unterordnung und ihren Gehorsam, die beide in der Liebe gründen, lebt sie dem Mann und den Kindern auf zwischenmenschlicher Ebene die entscheidenden Haltungen des Glaubens vor: Hingabe, Gehorsam, Liebe. Von ihrer Unterordnung lernen der Mann und die Kinder die Ehrfurcht. Zu diesen priesterlichen Aufgaben der Frau gehört desweiteren die Formung der Frömmigkeit zu „verpflichtendem Gefühl"[69]).

Wie der Priester als Mittler zwischen Gott und den Menschen beide verbindet, so kommt auch dem Priestertum der Frau eine verbindende Aufgabe zu. Es gehört wesentlich zu ihrer priesterlichen Sendung, die Bindung zwischen Gott und der Welt herzustellen. Übt der Priester diese Aufgabe des Mittlertums besonders in den Sakramenten aus, durch die Gottes Leben zu den Menschen strömt, so übt die Frau die bindende Funktion ihres Priestertums vornehmlich dadurch aus, daß sie die Menschen durch ihr Beispiel und ihr Lehren zu größerer Hingabe an Gott und echter Bereitschaft für Gott bewegen will. Zwar muß auch der Priester immer um die Öffnung der Herzen der Menschen bemüht sein, doch liegt der Schwerpunkt seiner Aufgabe darin, als Stellvertreter Christi das Leben Gottes mitzuteilen. Die Aufgabe der Bindung kommt der Frau in ihrem nichtamtlichen Priestertum aber dadurch zu, daß sie die Haltung der Empfänglichkeit und Hingabe – die Voraussetzung für die Annahme des Geschenkes der Erlösung – leichter verwirklicht. Als Dienerin des Lebens ist darüberhinaus die Frau stärker mit ihren Mitmenschen verbunden, so daß sie sich um die Vereinigung mit Gott immer auch um ihrer Mitmenschen willen bemüht. Der priesterliche Dienst der Frau, Gott und Welt zu verbinden, ist ein Dienst zur Heiligkeit der ihr

Anvertrauten. Dies wird besonders deutlich in der Ehe, wo Mann und Frau ein nichtamtliches Priestertum ausüben, da sie sich gegenseitig zur Heiligkeit helfen sollen.

Im Vergleich zwischen dem Mittlertum des Priesters und dem „Mittlertum" der priesterlichen Frau wird noch ein entscheidender Unterschied deutlich. Der Priester ist Mittler kraft seines Amtes, das ihm verliehen worden ist. Der Frau hingegen ist die priesterliche Aufgabe der Bindung zwischen Gott und der Welt in ihr eigenes Sein hineingelegt. Dies ist darin begründet, daß dem Frausein als solchem ein religiöser Sinn zukommt. Der Frau ist es aus ihrer Eigenart heraus leichter, die magdliche Haltung als völlige Empfänglichkeit vor Gott, weil gänzliche Hingegebenheit an Ihn, zu leben. Auf Grund dieser magdlichen Haltung, die der Frau aus ihrem Wesen heraus zukommt, ist sie Vorbild eines jeden Erlösten, denn das Entscheidende ist die unbegrenzte Annahme des Geschenkes der Erlösung – wie schnell aber setzen wir Menschen Gott Grenzen[70]). Zugleich ist die Frau in ihrer magdlichen Haltung Vorbild der Kirche, der Braut Christi, die eben dadurch lebt, daß sie als die völlig Hingegebene den Gnadenschatz der Erlösung empfängt. Daher gilt: „Das Geheimnis der Frau fällt zusammen mit dem Geheimnis des Religiösen im Menschen überhaupt."[71]) Urbild einer jeden Frau und der Kirche aber ist Maria. Da sie die magdliche Haltung vollkommen verwirklicht, ist in ihr „das metaphysische Geheimnis der Frau Gestalt und damit faßbar geworden"[72]). Beide, Mann und Frau, sind als Gottes Ebenbild in der gleichen Weise für die göttliche Gnade empfänglich[73]). Dennoch scheint die Frau von ihrem Wesen her eine größere Nähe, ein größeres Verständnis für die Liebe zu besitzen und dadurch in größerer Nähe zu Gott zu stehen: „Auf der Grundlage des ewigen Planes Gottes ist die Frau diejenige, in der die Ordnung der Liebe in der geschaffenen Welt der Personen das Erdreich für ihr erstes Wurzelfassen findet. Die Ordnung der Liebe gehört zum inneren Leben Gottes selbst, zum Leben des Dreifaltigen Gottes."[74])

Die religiöse Bedeutung des fraulichen Seins wird im Blick auf das Muttertum noch in einer anderen Dimension sichtbar. Als Mutter steht die Frau in besonderer Nähe zum Geheimnis des Lebens, ist sie Gebärende, Tragende und Dienende des Lebens. Wie der Priester übernatürliches Leben mitteilt, so teilt die Frau natürliches Leben mit. Gott aber ist der Quell sowohl des übernatürlichen als auch des natürlichen Lebens. „Hier ist sie Priesterin durch eine Weihe, die nicht über sie kommt, sondern die aus ihrem Sein quillt, weil Gott sie zum überströmenden Gefäß Seiner eigenen Lebensfülle macht."[75])

Nimmt man diese Überlegungen zur religiösen Dimension des Frauseins ernst, so wird eines sehr deutlich: Die Rede vom Priestertum der Frau ist keine leere Floskel, womöglich noch erfunden, um die Frauen zu beruhigen. Das Priestertum der Frau ist Realität, es gründet im Wesen der Frau selber.[76])

Die religiöse Dimension des Frauseins besitzt ein Symbol: den Schleier. Der Schleier, der verbirgt, ist Sinnbild ihrer Nähe zum Geheimnis. Das Motiv des Schleier weist zugleich hin auf die Sendung der Frau, auf ihren unscheinbaren Dienst am Verborgenen. Die Frau lebt nicht um ihrer selbst willen, sondern um der anderen willen[77]): „Wo immer die Frau zutiefst sie selbst ist, da ist sie nicht sie selbst, sondern hingegeben – wo immer aber sie hingegeben ist, da ist sie auch Braut und Mutter."[78]) Dies wird durch das Symbol des Schleiers verdeutlicht. Wie sich der Priester unter dem Meßgewand verhüllt, weil er Christus vertritt, so weist die Verhüllung der Frau unter dem Schleier darauf hin, daß auch sie Christus bringen und die Welt für Gott öffnen soll. Der Schleier ist desweiteren Sinnbild für das Metaphysische[79]). Man denke an die Berichte der Heiligen Schrift: Die Bundeslade wird hinter einem Vorhang verhüllt aufbewahrt (Ex 26,33), beim Transport wird sie in den Vorhang eingehüllt (Num 4,6). Die Menschen, die die Lade angeblickt haben, werden bestraft, so daß die Leute fragen: „Wer vermag vor dem Angesicht des Herrn, dieses heiligen Gottes, standzuhalten?" (1 Sam 6,20). Selbst Mose darf das Angesicht Gottes nicht schauen (vgl. Ex 33,18-23). Auch der Vorhang im Tabernakel ist Zeichen für das Heilige, ehrfurchtgebietendes Sinnbild für seine Würde.

Eng verbunden mit dem Schleier ist die verhüllende Kleidung der Frau[80]). Das Wertvolle wird verhüllt, nicht zur Schau gestellt. So ist die verhüllende Kleidung der Frau Ausdruck ihres Wertes. Nun ist der Leib des Menschen nicht bloßer „Körper", sondern wesentlicher Bestandteil der Menschen. Durch den Leib drückt sich der Mensch selber aus, bringt er die Regungen seines Herzens, die Gedanken seines Geistes zum Vorschein. Mimik und Gestik sind ja mehr als bloße Muskelbewegungen; sie sind Teil der Sprache des Menschen. Umgekehrt folgt daraus aber, daß durch die Verhüllung nicht nur das Geheimnis des Leibes bewahrt wird. Vielmehr wird, indem das Geheimnis des Leibes bewahrt wird, auch das Geheimnis des „inneren Menschen" (2 Kor 4,16) und somit der ganzen Person gewahrt[81]).

Betrachtet man die Ausführungen Oda Schneiders zum Priestertum der Frau so ergeben sich viele Vergleichspunkte zwischen dem amtlichen Priestertum und dem Priestertum der Frau. Beide stehen in besonderer Beziehung zu Gott, beide ahmen Gott nach. Der Priester ahmt Gott, den

Spender aller Gaben, in Seiner Vaterschaft nach, ist es ihm ja zur Aufgabe gestellt, geistlicher Vater zu sein. Er ist Stellvertreter Christi, des Erlösers der Welt. Die Frau hingegen ahmt Gott besonders in seinem hingebenden tragenden Lebensdienst an der ganzen Schöpfung nach. Beide Formen des Priestertums sind für die Kirche lebensnotwendig. Durch das amtliche Priestertum empfängt die Kirche und empfangen in ihr die Gläubigen immer wieder das göttliche Leben als Frucht der Erlösung. Durch das Priestertum der Frau wird dieses Leben ganz besonders empfangen, getragen und in die Ewigkeit emporgetragen: „Wenn es dem Manne zukam, die Gabe Gottes in der Transzendenz des Gebenden zu repräsentieren, so ist es Sache der Frau, deren Immanenz nicht nur zu repräsentieren, sondern zu verwirklichen, ihr in allen Tiefen unseres geistigen und leiblichen Wesens den Empfang zu bereiten."[82])

Wo aber liegt der entscheidende Unterschied zwischen dem amtlichen Priestertum und dem Priestertum der Frau? Der Priester handelt, wenn er seine amtlichen Aufgaben erfüllt, als Stellvertreter Christi – in persona Christi. Seine Aufgabe ist es, durch das Amt reines Werkzeug Christi zu sein. Was der Priester in der Erfüllung seines Amtes zu schenken vermag, fließt nicht aus seinem menschlichen Wesen. Es kommt von Christus – der Priester ist bloßes Werkzeug. Gerade deshalb ist das amtliche Priestertum dem Wesen des Mannes entsprechend: „Sagen wir als erstes, daß der Mann sich durch das Paradox definiert, daß er repräsentiert, was ihn wesenhaft übersteigt, was er selber und durch sich selber zu sein unfähig ist, woran er sogar nur teilnehmen kann, indem er gnadenhaft teilnimmt an der Sohnschaft des einzigen ewigen Sohnes, welcher selber den Vater repräsentiert, aus dem Er hervorgeht, als Den, aus Dem alles entspringt: Gott in der unerschöpflichen Lebendigkeit seiner unbedingtesten Transzendenz. Im Natürlichen kann der Mann nur auf sehr fragmentarische und ephemere Weise Vater sein, im Übernatürlichen aber wird er die göttliche Vaterschaft immer nur in Abhängigkeit von dem einzigen Bild des Vaters repräsentieren, das der eingeborene Sohn ist."[83])

Das Priestertum der Frau hingegen fließt aus ihrem eigenen Wesen: Je mehr die Frau die Besonderheit ihres Seins lebt, desto mehr erfüllt sie ihr Priestertum. Der Priester wirkt nicht aus dem Eigenen, denn er spendet das göttliche Leben. Die Aufgabe des Priesters ist die „Durchgabe einer Lebenskraft, die von weiter herkommt und nach hinstrebt als sie selbst"[84])

Die priesterliche Frau hingegen wirkt in Erfüllung ihres eigenen Wesens, das zutiefst die Berufung zum Tragen und Empfangen des Lebens – dem priesterlichen Lebensdienst – beinhaltet. Genau dadurch aber wird die Frau zur Dienerin Gottes: „Je mehr eine Frau wahrhaft Mutter ist, desto mehr wirkt sie nicht nur eigene, sondern Gottes Güte in die Welt. Je besser sie dem Leben dient, desto mehr dient sie mit an Gottes heiligem Lebensdienst, denn Er ist ja der erste Diensttuende an aller Kreatur."[85])

Damit bleibt am Ende eine entscheidende Frage. Es hat sich gezeigt, daß das Priestertum der Frau ein echtes Priestertum ist – keineswegs nur eine Formulierung, die der Frau schmeicheln soll. Dieses Priestertum ist wesentlich unterschieden vom amtlichen Priestertum. Nun gibt es aber nur einen einzigen Priester, den Hohenpriester Jesus Christus. Jedes christliche Priestertum besteht nur als Teilhabe am Priestertum Jesu Christ. In welchem Verhältnis steht das Priestertum der Frau zum Priestertum Christi? Das Priestertum der Frau baut auf natürlichen Grundlagen, auf der Eigenart des weiblichen Seins, auf. Die christliche Frau – um diese aber geht es in diesem Buch – ist durch Taufe und Firmung in Christus eingegliedert. Die Christen werden durch diese beiden Sakramente „als lebendige Steine aufgebaut zu einem geistigen Haus, zu einer heiligen Priesterschaft, um geistige Opfer darzubringen, wohlgefällig vor Gott durch Jesus Christus" (1 Petr 2,5). „Ihr aber seid ein auserwähltes Geschlecht, eine königliche Priesterschaft, ein geheiligtes Volk." (1 Petr 2,9) Das Priestertum der Frau ist somit durch Taufe und Firmung Teilhabe am Priestertum Christi und daher Entfaltung des allgemeinen Priestertums, das ein wahres, aber vom amtlichen Priestertum wesentlich verschiedenes Priestertum ist[86]). So schreibt das Zweite Vatikanische Konzil: „Christus der Herr, als Hoherpriester aus den Menschen genommen (vgl. Hebr 5,1-5), hat das neue Volk „zum Königreich und zu Priestern für Gott und Seinen Vater gemacht" (vgl. Apk 1,6; 5,9-10). Durch die Wiedergeburt und die Salbung mit dem Heiligen Geist werden die Getauften zu einem geistigen Bau und einem heiligen Priestertum geweiht, damit sie in allen Werken eines christlichen Menschen geistige Opfer darbringen und die Machttaten Dessen verkünden, Der sie aus der Finsternis in Sein wunderbares Licht berufen hat (vgl. 1 Petr 2,4-10). so sollen alle Jünger Christi ausharren im Gebet und gemeinsam Gott loben (vgl. Apg 2,42-47) und sich als lebendige, heilige, Gott wohlgefällige Opfergabe darbringen (vgl. Röm 12,1); überall auf Erden sollen sie für Christus Zeugnis geben und allen, die es fordern, Rechenschaft ablegen von der Hoffnung auf das ewige Leben, die in ihnen ist (vgl. 1 Petr 3,15). Das gemeinsame Priestertum der Gläubigen aber und das Priestertum des Dienstes, das heißt das hierarchische Priestertum, unterscheiden sich zwar dem Wesen und nicht bloß dem Grade nach. Dennoch sind sie einander zugeordnet: das eine wie das andere nämlich nimmt auf je besondere Weise am

Priestertum Christi teil. Der Amtspriester nämlich bildet kraft seiner heiligen Gewalt, die er innehat, das priesterliche Volk heran und leitet es; er vollzieht in der Person Christi das eucharistische Opfer und bringt es im Namen des ganzen Volkes Gott dar; die Gläubigen hingegen wirken kraft ihres königlichen Priestertums an der eucharistischen Darbringung mit und üben ihr Priestertum aus im Empfang der Sakramente, im Gebet, in der Danksagung, im Zeugnis eines heiligen Lebens, durch Selbstverleugnung und tätige Liebe."[87] Die entscheidende Bedeutung des allgemeinen Priestertums verwirklicht sich in der Hingabe der Gläubigen an Christus. Hingabe als Antwort auf die Liebe ist besonders im Bild der Braut ausgedrückt: „Vor dem 'tiefen Geheimnis' Christi und der Kirche sind alle aufgerufen, wie eine Braut mit der Gabe ihres Lebens auf die unermeßliche Hingabe der Liebe Christi zu antworten, Der als Erlöser der Welt allein der Bräutigam der Kirche ist. Im 'königlichen Priestertum', das allgemein ist, drückt sich zugleich die Hingabe der Braut aus... Sie (d.h. die Kirche) besitzt zwar eine 'hierarchische' Struktur, doch diese ist ganz für die Heiligkeit der Glieder Christi bestimmt. Diese Heiligkeit wird aber an dem 'tiefen Geheimnis' gemessen, in dem die Braut mit der Liebe die Hingabe des Bräutigams erwidert."[88]

Das Priestertum der Frau ist eine Form des allgemeinen Priestertums. Dieses zu leben ist der Frau in ihr Wesen geschrieben. Der Mann wird es nicht selten von ihr lernen müssen, wie auch die Frau vieles vom Mann empfängt: „Der Gnade gegenüber sind Mann wie Frau gleicherweise empfangend; sie sind auch gleicherweise vermittelnd, da niemand die Gnade für sich allein empfängt. Jeder Christ, ob Mann oder Frau, steht gnadenmittelnd in der Gemeinschaft, weil er Christus, dem Ewigen Mittler, lebendig eingegliedert ist. Es ist nun zweifellos, daß die Art der Gnadenmittlung beim Mann mehr die Form der geistigen Vaterschaft, bei der Frau die der geistigen Mutterschaft annehmen wird. Der Mann wird lehrend und leitend die Einsicht des Weges vermitteln, der zum Lichte führt; die Frau wird dienend und tragend die Kraft vermittelnd, diesen Weg zu gehen. Das Mittlertum der Führung, das vorwiegend dem Mann zusteht, bedarf der Ergänzung durch ein Mittlertum des Dienstes, dessen vorwiegend die Frau mächtig ist."[89] So besitzen Mann und Frau ihre besondere Sendung im Reich Gottes. Die Bedeutung des einen wächst nicht dadurch, daß man den anderen herabsetzt. Vielmehr gewinnt jeder dadurch an Bedeutung, daß er die eigene Sendung immer mehr zu leben sich bemüht.

Wie sehr amtliches Priestertum und das Priestertum der Frau aufeinander bezogen sind, verdeutlicht Oda Schneider durch ihre Darlegungen über das

Verhältnis zwischen dem Priester und der Frau. Die Frau soll zum Priester stehen wie Maria zu Christus. Sie soll sein priesterliches Leben tragen, soll beitragen, daß das Leben Christi im Priester sich immer mehr entfaltet und soll wie Maria unter dem Kreuz das Leid mittragen. All dies wird sie erfüllen durch ihren stillen, verborgenen, tragenden Lebensdienst.[90] Ebenso soll der Priester der Frau zur Heiligkeit helfen, indem er zum reinen Mittler der Liebe zwischen der Frau und Christus wird.[91]

Amtspriestertum und Priestertum der Frau sind, wenn auch in unterschiedlicher Weise, Teilnahme am Priestertum Christi. Beide sind Berufung zum Dienst, beide sind Träger ungeheurer Macht. Die Macht der Frau, das Leben zu tragen und zu formen, steht der Macht des Priesters in der Führung der Menschen keineswegs nach. Beide haben Macht über die Gestalt der Kirche. Wer die Kirche mehr formt, der Priester oder die Frau, ist nicht zu sagen. Beide besitzen ihre Macht nicht um ihrer selbst willen, sondern als Auftrag, sie im Dienst der Liebe auszuüben im Wissen, diese Macht vor Gott zu verantworten zu haben. Die Vollmacht des Priesters und die Macht der Frau sind beide „besondere Befähigung zu einem Dienst an der Gemeinschaft. Sie sind Eignung als Enteignung; Leitung, aber vom letzten Platz her."[92] Will die Frau daher in der Kirche ihre wahre Stellung erlangen und die ihr eigene Geltung entfalten, so wird sie dies nur, wenn sie die Gabe ihres weiblichen Wesens als Auf-Gabe erkennt und lebt: das Priestertum der Frau. Dies aber wird sie, je mehr sie sich an der „gekrönten Frau"[93], dem Urbild wahren Frauseins, ausrichtet: an Maria.

„Wer hat schließlich den Vorrang? Der beamtete Mann, sofern er Christus in und vor der Gemeinde repräsentiert, oder die Frau, in der sich das Wesen der Kirche verkörpert – so sehr, daß jeder, der Glied der Kirche ist, auch der Priester, sich dem Herrn gegenüber weiblich-empfangend verhalten muß? Die Frage ist vollkommen müßig, denn die Differenz soll nichts anderem dienen als der gegenseitigen Liebe aller Glieder, in einem Kreislauf, über dem Gott allein der Erhaben-Überlegene bleibt: 'Im Herrn ist weder die Frau unabhängig vom Mann, noch der Mann unabhängig von der Frau. Denn wie die Frau (Eva) vom Mann stammt, so ist der Mann (auch Christus) wieder durch die Frau da; alles aber kommt von Gott' (1 Kor 11,11-12)."[94]

¹) Teresa von Avila.

²) Eine ausführliche Biographie gibt es nicht. Für die hier gegebene Darstellung wurde herangezogen:
Oda Schneider – Schwester Maria Cordis OCD. 1892-1972: Christliche Innerlichkeit 7/Heft 5 (1971-71) 50-2;
In Memoriam Oda Schneider – Schwester Maria Cordis OCD: Christliche Innerlichkeit 22/Heft 2 (1987) 99-107 (Dieser Beitrag stützt sich auf Gespräche mit Oda Schneider);
RÖSSLER, Max, „Wie ein Federflöckchen im Wind." Die Macht der Frau – der Karmelitin Maria Cordis gedenkend: Deutsche Tagespost vom 30.5.1987.

³) Erschienen im Verlag Fel. Rauch, Innsbruck.

⁴) Hinzu kommt eine ganze Reihe von Beiträgen in Zeitschriften:
Sendung der Frau: Stimmen der Zeit 120, 337ff.
Berufung der Frau zum Dienst am Menschen: Zeitschrift für Askese und Mystik 7, 157ff.
Katholische Aktion. Ein Ruf an alle: Der Laie in der Kirche 1, 5ff.
Eine frauenfeindliche Verordnung des Papstes Soter?: Der Laie in der Kirche 1, 18ff.
Zur Frage der niederen Weihen: Der Seelsorger 10, Heft 6 und 7.
Heiligung der Familie und Priesternachwuchs. Referat im Rahmen der Einkehrtage des Priesterhilfswerks zu Vierzehnheiligen in der Pfingstoktav 1938 (SD Kevelaer 1938).

⁵) Salzburg 1950.

⁶) Ebd. 299.

⁷) Vgl. den Abschnitt: „Weltbildwandel – Wertbildwandel".

⁸) Vgl. den Abschnitt: „Eigenart und Gleichwert"

⁹) Vgl. den gleichlautenden Abschnitt.

¹⁰) Vgl. den Abschnitt: „Erneuerung aus eigenem Geist".

¹¹) Johannes Paul II., Mulieris Dignitatem. Apostolisches Schreiben über die Würde und die Berufung der Frau anläßlich des Marianischen Jahres, Nr. 7. Im Folgenden abgekürzt: MD 7.

¹²) Vgl. den entsprechenden Abschnitt.

¹³) Vgl. den Abschnitt: „Die Gefahr der Frau".

¹⁴) Edith Stein, Christliches Frauenleben: Mädchenbildung auf christlicher Grundlage 28,7 (1932) 202f.
Dieses Zitat kann beitragen, jene verwirrende Meinung zurechtzurücken, Edith Stein habe das Priestertum der Frau befürwortet. Hierfür wird folgende Aussage in Anspruch genommen: „Dogmatisch scheint mir nichts im Wege zu stehen, was es der Kirche verbieten könnte, eine solche bislang unerhörte Neuerung durchzuführen" (gemeint ist das amtliche Priestertum der Frau). Es wird jedoch meistens nicht erwähnt, wie Edith Stein an dieser Stelle fortfährt. Sie schreibt: „Ob es praktisch sich empfehlen würde, das läßt mancherlei Gründe für und wider zu. Dagegen spricht die gesamte Tradition von den Urzeiten bis heute, für mein Gefühl aber noch mehr als dies die geheimnisvolle Tatsache, die ich schon früher betonte: daß Christus als Menschensohn auf die Erde kam, daß darum das erste Geschöpf auf Erden, das in einem ausgezeichneten Sinn nach Gottes Bild geschaffen wurde, ein Mann war – das scheint mir darauf hinzuweisen, daß er zu seinen amtlichen Stellvertretern auf Erden nur Männer einsetzen wollte. Wie er aber einer Frau sich so nahe verbunden hat wie keinem andern Wesen auf Erden und sie so sehr zu seinem Bilde geschaffen wie keinen Menschen vorher und nachher, wie er ihr für alle Ewigkeit eine Stellung in der Kirche gegen hat wie keinem anderen Menschen, so hat er zu allen Zeiten Frauen zur innigsten Vereinigung mit sich berufen, als Sendboten seiner Liebe, als Verkünderinnen seiner Herrschaft in den Herzen der Menschen. Einen höheren Beruf als den der

sponsa Christi kann es nicht geben, und wer diesen Weg offen sieht, der wird nach keinem andern verlangen." (Edith Stein, Die Frau. Ihre Aufgabe nach Natur und Gnade = GELBER, L. (Hg.), Edith Steins Werke V (Louvain, Freiburg 1959) 43.

Vgl. dazu auch: ALBRECHT, Barbara, Edith Stein – Gelebtes Evangelium (Vallendar 1991) bes. 49f.

[15]) S. 15.

[16]) S. 20.

[17]) Vaticanum II, Pastoralkonstitution Gaudium et Spes, Nr. 24.

[18]) Zitate aus MD 7.

Vgl. zur geistigen Ergänzung von Mann und Frau: HILDEBRAND, Dietrich von, Bedeutung von Mann und Frau füreinander außerhalb der Ehe: Ders., Die Menschheit am Scheideweg. Gesammelte Abhandlungen und Vorträge. Herausgegeben und eingeleitet von Karla Mertens (Regensburg 1955) 127-45.

[19]) S. 67.

[20]) PIEPER, Josef, Über die Liebe (München 1972) 39.

[21]) S. 51.

[22]) Vgl. MD 10.

[23]) Vgl. Gal 5,13b: „dient einander in Liebe".

[24]) MD 24.

[25]) Oda SCHNEIDER, Die Macht der Frau (Salzburg1938[5]) 266. Im Folgenden zitiert als: Macht 266.

[26]) MD 5.

[27]) Macht 122.

[28]) Ebd. 124.

[29]) Ebd.

[30]) Vgl. ebd. 124f.; sowie im vorliegenden Buch das Kapitel: „Die Sorge des Priesters um die Frau."

[31]) Macht 270.

[32]) Ebd. 265.

[33]) S. 36.

[34]) LE FORT, Gertrud von, Die ewige Frau. Die Frau in der Zeit. Die zeitlose Frau (München 1934) 15.

[35]) Vgl. den Abschnitt: „Der ordentliche Weg: Mütterlichkeit".

[36]) MD 18.

[37]) MD 19.

[38]) Vgl. Macht 266.

[39]) Vgl. Macht 251, 368.

[40]) Macht 383.

[41]) MD 5.

[42]) Dies hat aufgezeigt: BURGGRAF, Jutta, Die Mutter der Kirche und die Frau in der Kirche. Ein kritischer Beitrag zum Thema „feministische Theologie" = ROVIRA, German, SCHULTE STAADE, Richard (Hg.), Kleine Schriften des Internationalen Mariologischen Arbeitskreises Kevelaer (Kevelaer 1986) bes. 28-36.

[43]) Vgl. den Abschnitt: „Der außerordentliche Weg: das ‘fallweise Einspringen’".

[44]) Vgl. den Abschnitt: „Die Antwort der Frau".

[45]) Das „fallweise Einspringen" zeigt Oda SCHNEIDER in ihrem Buch: „Die Macht der Frau" am Beispiel großer heiliger Frauen: Hildegard von Bingen und Katharina von Siena: vgl. Macht 301-38.

[46]) Macht 84.

[47]) Vgl. hierzu besonders den Abschnitt: „Befreiung durch Christus" sowie die beiden letzten Kapitel des Buches.

[48]) Vgl. LE FORT, a.a.O. 20.

[49]) Demgegenüber spricht Johannes Paul II. in MD 10 davon, daß die erste Sünde die Sünde des Menschen ist, ohne dabei Mann oder Frau mehr Verantwortung zuzuschreiben. An anderer Stelle sagt er demgegenüber, „daß die Geschichte gerade in der 'Frau', in Eva und Maria, einen dramatischen Kampf um jeden Menschen verzeichnet" (MD 30). Johannes Paul II. spricht weiterhin auch von der besonderen Stellung der Frau im Beginn des Neuen Bundes: „Es ist kaum zu verstehen, warum die Worte des Protoevangeliums die 'Frau' so nachdrücklich hervorheben, wenn man nicht zugibt, daß in ihr der neue und endgültige Bund Gottes mit der Menschheit, der Bund im erlösenden Blut Christi, seinen Anfang hat... Am Anfang des neuen Bundes, der ewig und unwiderruflich sein soll, steht die Frau: die Jungfrau aus Nazareth." (MD 11)

[50]) EICHENDORFF, Joseph von, Der Umkehrende: Ausgewählte Werke I (München 1987) 278.

[51]) Vgl. besonders das Kapitel: „Die Sorge des Priesters um die Frau".
Vgl. hierzu auch MD 12-16; so z.B. MD 13: „Das Verhalten Jesu zu den Frauen, denen Er auf den Wegen Seines messianischen Dienstes begegnet, spiegelt den ewigen Plan Gottes wider, Der eine jede von ihnen erschafft und sie in Christus erwählt und liebt (vgl. Eph 1,1+5). Daher ist jede von ihnen jene 'einzige von Gott um ihrer selbst willen gewollte Kreatur'. Jesus von Nazaret bestätigt diese Würde, ruft sie in Erinnerung, erneuert sie und macht sie zum Inhalt des Evangeliums und der Erlösung (...)".

[52]) Macht 346.

[53]) MD 10.

[54]) Vgl. den Abschnitt: „Erneuerung aus eigenem Geist".

[55]) S. 47.

[56]) Macht 144.

[57]) Vgl. Macht 133f.

[58]) RATZINGER, Joseph, Zur Lage des Glaubens. Ein Gespräch mit Vittoria MESSORI (München, Zürich, Wien 1985) 99.

[59]) Macht 122.

[60]) MD 30.

[61]) Vgl. Macht 347.

[62]) Vgl. den Abschnitt: „Diskretion".

[63]) Vgl. hierzu den Abschnitt: „Die Frau als Heimat".

[64]) Vgl. den Abschnitt: „Die priesterlichen Funktionen: dienen, leiden, hoffen."

[65]) MD 30.

[66]) Vgl. den Abschnitt: „Sakralraum der Frau die Familie".

[67]) Vgl. Macht 352ff.

[68]) Sache des Priesters ist es, zu opfern und geopfert zu werden.

[69]) Vgl. den Abschnitt „Gefühlsfrömmigkeit".

[70]) Vgl. hierzu: Johannes Paul II., Dominum et Vivificantem. Enzyklika über den Heiligen Geist im Leben der Kirche und der Welt, Nr. 55. In diesem Abschnitt schildert der Heilige Vater den inneren Kampf im Menschen, der das Gute will und doch das Böse tut. Dieser Abschnitt endet mit den Worten: „Wer wird den Sieg davontragen? Derjenige, der das Geschenk (des göttlichen Lebens; Anm. d. Hg.) anzunehmen versteht"

[71]) S. 71.

[72]) LE FORT, a.a.O. 14.

[73]) Vgl. MD 16.

[74]) MD 29.

[75]) S. 35f.

[76]) Es sei hier nur darauf hingewiesen, daß mit diesen Darlegungen keineswegs dem Mannsein jegliche religiöse Dimension abgesprochen wird. Auch das Mannsein besitzt eine religiöse Bedeutung, die besonders in der Vaterschaft als Stellvertretung der göttlichen Vaterschaft, zu suchen ist. Diese Frage bildet jedoch nicht den Gegenstand der gegenwärtigen Überlegungen und muß deshalb hier zurücktreten; vgl. zu dieser Fragestellung: BOUYER, Louis, Frau und Kirche. Übertragen und mit einem Nachwort versehen von Hans Urs von BALTHASAR = Kriterien 42 (Einsiedeln 1977).

[77]) Vgl. LE FORT, a.a.O. 16-19.

[78]) Ebd. 18.

[79]) Vgl. ebd. 15.

[80]) Vgl. den Abschnitt „Das Kleid der Frau".

[81]) Vgl. hierzu die Ausführungen des Heiligen Vaters über die Sprache des Leibes und über das Schamgefühl: Johannes Paul II. Die menschliche Liebe im göttlichen Heilsplan. Katechesen 1979-1981. Herausgegeben und eingeleitet von Norbert und Renate MARTIN mit einem Geleitwort von Edouard Kardinal GAGNON = MARTIN, Norbert, MARTIN, Renate (Hg.), Communio personarum I (Vallendar Schönstatt 1985); Johannes Paul II., Die Erlösung des Leibes und die Sakramentalität der Ehe. Katechesen 1981-1984 = Communio personarum II (Vallendar Schönstatt 1985).

[82]) BOUYER, Frau und Kirche 56.

[83]) Ebd.38.

[84]) BALTHASAR, Hans Urs von, Frauenpriestertum?: Ders., Neue Klarstellungen (Einsiedeln 1979) 113. Zur „stellvertretenden" Vaterschaft des Mannes vgl. BOUYER, Frau und Kirche, bes. 23-31.

[85]) Macht 213.

[86]) Es ist bezeichnend, wenn J. AUER das Verhältnis zwischen Amtspriestertum und allgemeinem Priestertum mit dem Verhältnis zwischen weiblichem und männlichem Prinzip bei der Lebenszeugung vergleicht: Das männliche Prinzip gibt das Leben, das weibliche empfängt, trägt und gebiert es; vgl.: AUER, Johann, Die Sakramente der Kirche = AUER, Johann, RATZINGER, Joseph (Hg.), Kleine Katholische Dogmatik VII (Regensburg 1979²) 59.

[87]) Vaticanum II, Lumen Gentium Nr. 10.
Vgl. hierzu auch die Erläuterungen zum allgemein Priestertum in der Enzyklika „Mediator Dei". Die Gläubigen sollen so „gesinnt sein wie Christus Jesus", der „Knechtsgestalt" annahm (vgl. Phil 2,5-11); d.h., „daß sie, soweit dies dem Menschen möglich ist, jene Gesinnung in sich erwecken, von der die Seele des göttlichen Erlösers erfüllt war, als Er das Opfer Seiner selbst vollzog: daß sie also demütige Unterordnung des Geistes, Anbetung der höchsten Majestät Gottes, Ehrung, Lobpreis und Danksagung erzeigen. Es verlangt außerdem von ihnen, daß sie in gewissem Sinne sich selbst zur Opfergabe machen, gemäß den Vorschriften des Evangeliums sich selbst verleugnen, gern und freiwillig sich der Buße unterziehen, daß jeder seine Sünden verabscheue und sühne. Es verlangt endlich, daß wir alle mit Christus den mystischen Tod am Kreuze auf uns nehmen, so daß wir den Ausspruch des heiligen Paulus auf uns anwenden können: 'Mit Christus bin ich ans Kreuz geheftet' (Gal 2,19). Wenn jedoch die Gläubigen am eucharistischen Opfer teilnehmen, so haben sie deshalb nicht auch die priesterliche Vollmacht."

118

Mediator Dei II,2 (zitiert nach: ROHRBASSER, Anton, Heilslehre der Kirche. Dokumente von Pius IX. bis Pius XII. (Freiburg i.d. Schweiz 1953) 166f).

[88]) MD 27.
[89]) Macht 269.
[90]) Vgl. das Kapitel: „Die Sorge der Frau um das amtliche Priestertum".
[91]) Vgl. das Kapitel: „Die Sorge des Priesters um die Frau".
[92]) BALTHASAR, Frauenpriesterum? 114.
[93]) Vgl. Macht 369ff.
[94]) BALTHASAR, Frauenpriestertum? 115.

Katholische Weltanschauung – Unterscheidung im Geist

Herausgegeben von Hans-Peter Göbbeler und Dieter Josef Hilla

Bisher sind in dieser Reihe erschienen:

Band 1: ODA SCHNEIDER,**Vom Priestertum der Frau**. Abensberg 1993. (2.Auflage)
120 Seiten, DM 15,80*.   ISBN 3-87442-039-6

Band 2: HANS-PETER GÖBBELER, **Lese-Zeichen**. Bücher für das katholische Glaubens-
leben. Abensberg 1992. 80 Seiten, DM 12,80*.   ISBN 3-87442-040-X
*„Die ‚Lese-Zeichen‘ sind eine Sammlung aktueller Buchbesprechungen; sie erweisen
sich als eine echte Hilfe bei der Wahl guter theologischer Bücher. Orientierung bei der
Beurteilung der besprochenen Literatur bietet dem Rezensenten der Glaube der Kirche...
Die Rezensionen sind alle in einer sehr lebendigen Sprache geschrieben und laden daher
zum Lesen der besprochenen Bücher ein. Die ‚Lese-Zeichen‘ erweisen sich als hilf-
reiches Instrument sowohl für den unter Zeitmangel leidenden Priester und können auch
dem theologisch interessierten Laien wärmstens empfohlen werden.“* Amtsblatt für die
Diözese Augsburg (Februar 1993)

Band 3: WILLIBALD KAMMERMEIER, **Entäußerung und Herrlichkeit**. Von der Wirklichkeit
christlicher Dichtung. Abensberg 1993, 128 Seiten, DM 16,80*.   ISBN 87442-048-5
*„Hoffentlich bewirkt dieses Buch, daß jüngere Leser angeregt werden, die Werke der
klassischen christlichen Dichter der ersten Hälfte des zwanzigsten Jahrhunderts zu
lesen, deren Aktualität nicht geringer geworden ist.“* Deutsche Tagespost (14.8.1993)
*„Abgesehen davon, daß die Lektüre durch die Vielfalt der inhaltlichen Aspekte und die
flüssige Sprache fesselt, erfährt der Leser höchst interessante Details aus der Literatur-
geschichte, bzw. aus der Geschichte von einzelnen Dichterleben.“* Timor Domini 22/3
(10.9.1993)
*"Der Autor (...) wagt es, die für tot erklärte christliche Dichtung wieder in den Blick zu
rücken. Er ist der festen Überzeugung, daß sie, wenn auch heute kaum in Erscheinung
tretend, mit einem einzigen Dichter an Boden gewinnen könnte."* Amtsblatt für die
Diözese Augsburg (September 1993)
*"Man muß diesem tiefgreifenden, an literarischen Beispielen reichen und Zuversicht und
Ermutigung verströmenden Werk möglichst viele Leser wünschen: Dank dieser ‚Weg-
markierungen‘ werden sie vieles anders sehen, als sie es bisher betrachtet haben."* Der
Fels (7/8 1993)

Band 4: HANS-PETER GÖBBELER, DIETER JOSEF HILLA, GUIDO RODHEUDT, MICHAEL SCHLÖSSER,
Zeitgemäße Kirche? Junge Priester nehmen Stellung. Abensberg 1993,
88 Seiten, DM 12,80*.   ISBN 3-87442-043-4
*"Gerade in dieser immer hoffnungsloseren Welt muß eine wahrhaft ‚zeitgemäßeKirche‘
jedoch die Antwort des Glaubens bezeugen. ‚Ich bin der Weg, die Wahrheit und das
Leben‘ (Joh 14,6)! Das ist ‚Gottes letztes Wort‘, seine endgültige Antwort auf alles
menschliche Fragen, Fürchten, Zweifeln, Sehnen und Hoffen. Diese Wahrheit aller Zeit
zu verkünden ist die Sendung der Kirche. Wenn sie diese Sendung treu erfüllt, ist sie in
der Tat eine ‚zeitgemäße Kirche‘."* (Aus dem Vorwort)